Susanne Pomrehn Kollektive Formationen

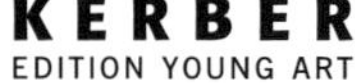

KERBER
EDITION YOUNG ART

Das Eigentliche des Archivs ist seine Lücke,
sein durchlöchertes Wesen[1]

The essence of the archive is the gap,
its incompleteness[1]

Archive der Erinnerung – Modelle des Möglichen

Zur künstlerischen Arbeit von **Susanne Pomrehn**
von **Christine Heidemann**

»Wölbung«, »Beule«, »Wirbeln«, »Quetschen«, »Spiegel«, »Lichttunnel«, »Fischauge« und »Verzerren«: Das sind einige der Bild-Effekte des Apple-Programms »Photo Booth«, mit dem man sich – im intimen Dialog mit dem Computer – selbst fotografieren kann, während man gebannt auf den Monitor respektive in die in dessen Rand integrierte Kamera starrt. Der Modus »Normal«, der ebenfalls zur Auswahl steht, wird da zur Nebensache. Automatisch in einem Ordner auf der Festplatte gespeichert, entsteht aus diesen Fotos ein ganz privates Archiv merkwürdig deformierter Selbstporträts. Aber nicht nur solche verzerrten Fotografien, in denen psychoanalytische Modelle der Selbstwahrnehmung und deren Störungen Form anzunehmen scheinen, füllen die Computer. Seit der massenhaften Verbreitung digitaler Fotografie und Speichertechnologie sind die persönlichen Bildarchive der Erinnerung ins schier Unermessliche gewachsen. Entsprechend hat der kollektive fotografische Bildervorrat in Relation zum bisherigen Verlauf der Geschichte der Fotografie ebenfalls exponentiell zugenommen.

Als Sammlerin fotografischer Bilder – sowohl öffentlicher als auch privater – betätigt sich Susanne Pomrehn seit Jahren, wobei das Medium ihrer Arbeit stets Papierabzüge sind, die anders als die digitalen Daten haptische Qualität besitzen. Für ihre Sammlungen bedient sich die Künstlerin unterschiedlicher Quellen: Es können private Fotoalben sein, historische Archive, das Internet oder von ihr selbst angefertigte Fotografien. Ob das Ausgangsmaterial analog oder digital ist, spielt keine entscheidende Rolle; wichtiger sind die Materialität der Abzüge und die Eigenschaft der Fotografie als Ausschnitte dessen, was uns umgibt, und als Träger von Erinnerung.

1977 schreibt Susan Sontag: »Fotografische Bilder aber schei-

Archives of memory – Models of the possible

On the Artistic Work of **Susanne Pomrehn**
by **Christine Heidemann**

"Bulge," "dent," "twirl," "squeeze," "mirror," "light tunnel," "fisheye," and "stretch": those are just some of the visual effects of the Apple program "Photo Booth," with which one can photograph oneself in intimate dialog with the computer, starting spellbound at the monitor or the camera built-in just above the screen. The mode "normal," also an option, becomes incidental. Automatically stored away in a file on the hard drive, what emerges is a very private archive of strangely deformed self-portraits. But the computer is not just filled with distorted photographs, where psychological models of self-perception and their disturbance seem to take shape. Since the massive spread of digital photography and storage technology, personal visual archives of memory have grown to almost immeasurable dimensions. Accordingly, the collective photographic store of images has increased exponentially in comparison to the previous course of history of photography.

Susanne Pomrehn has been active for years as a collector of photographic images, both public and private images, whereby the medium of her work is always the paper print, which unlike digital data possesses a haptic quality. For her collections, the artist uses various sources: they can be private photo albums, historical archives, the Internet, or photographs she has taken. Whether the starting material is analog or digital is not decisive, more important is the materiality of the prints, and the character of the photograph as pieces of what surrounds us, and as a support for our memory.

In 1977, Susan Sontag wrote, "Photographed images do not seem to be statements about the world so much as pieces of it, miniatures of reality that anyone can make or acquire. Photographs, which fiddle with the scale of the world, themselves get reduced, blown up, cropped, retouched, doctored, tricked out." [2]

nen nicht so sehr Aussagen über die Welt als vielmehr Bruchstücke der Welt zu sein: Miniaturen der Realität, die jedermann
anfertigen oder erwerben kann. Fotografien, die am Maßstab
der Welt herumbasteln, werden ihrerseits verkleinert, vergrö-
ßert, beschnitten, retuschiert, verfälscht.« [2]
Über die Jahre ist mit Susanne Pomrehns Arbeit ein Archiv
dieser Bruchstücke entstanden, das in höchstem Maße sub-
jektiv ist. Seine Neuzugänge sind bedingt durch immer neue,
nicht selten zufällige Funde sowie zum Teil durch die Anfragen
anderer Personen, die der Künstlerin ihre privaten Bilder zur
Verfügung stellen. Anders jedoch als in einem Archiv zu erwar-
ten, gibt es kein Verzeichnissystem, keine Katalogisierung, die
es ermöglichen würde, jedes gesammelte Bild einfach wieder-
zufinden. Vielmehr ist es häufig so, dass bestimmte Bilder zwar
dezidiert zu einzelnen Werken gehören – und diese Werke sind
gewissermaßen Unterkategorien des Archivs – sie innerhalb
dieser Kategorien jedoch beliebig rekombinierbar sind. Es ist
eine rhizomatische Struktur, die die einzelnen Werke Susanne
Pomrehns bestimmt, in denen die einzelnen Elemente in einer
nichthierarchischen Beziehung zueinander stehen. Von Zeit
zu Zeit wechseln einzelne Werke den Besitzer und das Archiv
wird dann ein wenig kleiner. Zugleich kommen aber auch immer wieder neue Bilder hinzu, das Archiv als Ganzes ist theo-
retisch beliebig erweiterbar. Anders als es jedoch gemeinhin
der Fall ist, ist der Hauptzweck dieser Sammlungen nicht das
Konservieren der Bilder durch ihre Aufbewahrung in Alben,
Schubladen oder Schränken, sondern die Sichtbarmachung
durch den Akt des Ausstellens.
Nicht nur in diesem Punkt unterscheidet sich die Rolle der
Künstlerin von der einer Archivarin im herkömmlichen Sinn.
Es geht ihr nicht darum, die Bilder in ihrem vorgefundenen

Over the years, with Susanne Pomrehn's work an archive of
these fragments has emerged that is subjective to a great
degree. New material is always being added, often coinciden-
tal finds, as well as material obtained by asking other peo-
ple, who give the artists their private pictures. But unlike an
archive, there is no index, no catalogization that would make it
easily possible to find every collected image. Instead, it is often
the case that certain images decidedly belong to individual
works, and these works are in a sense subcategories of the
archive; within these categories they can be randomly recom-
bined. It is a rhizomatic structure that defines the individual
works of Susanne Pomrehn, where individual elements stand
in a non-hierarchical relationship to one another. From time to
time, some works change owners and the archive becomes
a bit smaller. At the same time, new pictures are constantly
being added, the archive as a whole can in theory be expanded
infinitely. But here, the main purpose of the collection is not
conserving the images by storing them in albums, drawers, or
cabinets, but making them visible through the act of exhibition. It is not only here where the role of the artist differs from
that of an archivist in the usual sense. At issue for her is not
securing the images in the state they were found, or restoring
them, making them durable. Instead, the photographs are treated in a way that can at first be described as destruction. By
cutting, turning, folding, and gluing them, she intervenes in
dramatic ways in the images. Susanne Pomrehn works on the
paper of the prints, and thus the images themselves, whereby gaps and voids, but also new constellations and possibili-
ties of association emerge. In this way, she "fiddles" with the
"scale of the world," and part of the charm of the objects that
she produces consists in their oscillation between the two

Status zu sichern oder sie gar zu restaurieren, um sie haltbar zu machen. Vielmehr werden die Fotografien von ihr in einer Weise bearbeitet, die man zunächst als Zerstörung beschreiben würde. Durch Schnitte, Verdrehungen, Faltungen und Klebungen greift sie massiv in die Bilder ein. Susanne Pomrehn bearbeitet das Papier der Abzüge und damit auch die Bilder selbst, wodurch Leerstellen und Lücken, aber auch neue Konstellationen und Assoziationsmöglichkeiten entstehen. Auf diese Weise »bastelt« sie »am Maßstab der Welt« herum, und ein Reiz der Objekte, die sie herstellt, besteht auch in deren Oszillieren zwischen der Zweidimensionalität des Bildes und der Dreidimensionalität der bearbeiteten Fotoabzüge. Ihre Eingriffe sezieren die Fotografien, ihre Verdrehungen kehren zum Teil deren Rückseiten nach vorne und wirken so wie ein Versuch, ›hinter‹ die Bilder sehen zu wollen. Durch das Wegnehmen einzelner Bildpartien, beispielsweise das Herauslösen von Figuren aus Gruppenfotos oder auch die Verzerrungen von Gesichtern – ähnlich wie im schon erwähnten »Photo Booth«-Programm – verändert Susanne Pomrehn die Struktur des Bildes und löst seine Statik auf. Die Indexikalität und scheinbare Objektivität der Fotografie wird zur Disposition gestellt; die Tatsache, dass der dargestellte Moment unwiederbringlich ist, wird immer wieder hinterfragt.[3] Radikaler noch als Roland Barthes, der in »Die helle Kammer« in Fallstudien einzelnen Fotografien nahezukommen und ihre Funktion als Zeugnisse des vergänglichen menschlichen Lebens zu bestimmen sucht, stellt Susanne Pomrehn die Fotografie als Momentaufnahme verrinnender und verronnener Zeit zur Disposition.[4] Können Fotografien überhaupt jemals etwas abbilden, das stattgefunden hat? Führen sie uns nicht vielmehr in die Irre und täuschen uns und unsere Erinnerung? Die Bearbeitung der einzelnen

dimensionality of the image and the three-dimensionality of the prints that have been treated. Her intervention dissect the photographs, by twisting them she makes the rear come to the forefront, and seem like an attempt to get 'behind' the images. By removing individual parts of the image, for example, separating individuals from group photographs, or distorting faces, like the "Photo Booth" program already mentioned, Susanne Pomrehn changes the structure of the image and dissolves its structure. The indexicality and seeming objectivity of photography is suspended; the fact that the moment depicted can never be recovered is questioned over and over.[3] Even more radical than Roland Barthes, who in "Camera Lucida" tries to approach individual photographs and define their function as testimony to an ephemeral human life, Susanne Pomrehn questions photography as a snapshot of coagulated and coagulating time.[4] Can photographs at all depict something that has taken place? Do they not mislead us, and confuse us and our memory? The treatment of the individual images is the first step towards at least evoking the possibility of a different course of events challenge the flexibility of memory. A second technique, and key to the work of Susanne Pomrehn, is the spatialization of photographs. Out of the individual images, sculptural arrangements emerge, that are adjusted to fit the respective exhibition site. "Miniatures of reality" are grouped in structures that can be subject to a strict pattern or a loss arrangement that plays with chance. What results is a game with models of the world "as it is," and as it can be.

A model is always a representation, and at the same time attempts to depict something as true-to-life as possible. But in the interest of abstraction, it leaves out aspects of the original, or the theories that lie at the base, and is in this

Bilder ist der erste Schritt, zumindest die Möglichkeit eines anderen Verlaufs der Zeit zu evozieren und die Flexibilität des Erinnerungsvermögens herauszufordern. Eine zweite und methodisch für die Arbeit von Susanne Pomrehn wichtige Technik ist die Verräumlichung der Fotografien. Aus den bearbeiteten Einzelbildern entstehen häufig skulpturale Anordnungen, die an den jeweiligen Ausstellungsort angepasst werden. »Miniaturen der Realität« werden zu Strukturen gruppiert, die auf einem strengen Raster oder auch einer lockeren, mit dem Zufall spielenden Anordnung basieren können. Es ergibt sich ein Spiel mit Modellen der Welt, »wie sie ist« und wie sie sein könnte.

Ein Modell ist immer eine Repräsentation und versucht einerseits etwas so getreu wie möglich abzubilden. Zugunsten der Abstraktion lässt es aber zugleich Aspekte des zugrunde liegenden Originals beziehungsweise der zugrunde liegenden Theorie aus und ist auf diese Weise eine Verkürzung. In dieser Verkürzung liegt aber auch seine Kraft, und sie lässt, wie die Leerstellen in den von Susanne Pomrehn bearbeiteten Fotografien, Platz für Assoziation und Imagination.

way an abbreviation. But this very abbreviation constitutes its power, and it leaves room for association and imagination, like the images used by Susanne Pomrehn in her work.

[1] Georges Didi-Huberman, »Das Archiv brennt«, in: *Das Archiv brennt*, hrsg. von ders. und Knut Ebeling, Berlin 2007, S. 7. _ [2] Susan Sontag, »In Platons Höhle«, in: *Über Fotografie* (1977), hrsg. von ders., 11. Aufl., Frankfurt am Main 1999, S. 9–30, hier S. 11. _ [3] Zum Begriff der Indexikalität vgl. z.B. Rosalind Krauss, »Notes on the Index«, in: *Die Originalität der Avantgarde und andere Mythen der Moderne*, hrsg. von ders., Amsterdam und Dresden 2000. Zur ›Objektivität‹ der Fotografie vgl. z.B. Lorraine Daston und Peter Galison, »Das Bild der Objektivität«, in: *Ordnungen der Sichtbarkeit. Fotografie in Wissenschaft, Kunst und Technologie*, hrsg. von Peter Geimer, Frankfurt am Main 2002, S. 29–99. _ [4] Roland Barthes, *Die helle Kammer. Bemerkungen zur Photographie* (1980), Frankfurt am Main 1985. Zur Vergänglichkeit des filmischen Materials und des fotografischen Abzugs selbst vgl. Peter Geimer, »Was ist kein Bild? Zur ›Störung der Verweisung‹«, in: *Ordnungen der Sichtbarkeit. Fotografie in Wissenschaft, Kunst und Technologie*, hrsg. von ders., Frankfurt am Main 2002, S. 313–341.

[1] Georges Didi-Huberman, "Das Archiv brennt," *Das Archiv brennt*, ed. Knut Ebeling (Berlin, 2007), p. 7. _ [2] Susan Sontag, *On Photography* (New York, 1973), p. 5. _ [3] On the concept of indexicality, see Rosalind Krauss, "Notes on the Index," in: *The Originality of the Avant-Garde and Other Modernist Myths* (Cambridge, Mass./London, 1985), p. 196–206. On the objectivity of photography, see Lorraine Daston and Peter Galison, "Das Bild der Objektivität," in: *Ordnungen der Sichtbarkeit. Fotografie in Wissenschaft, Kunst und Technologie*, ed. Peter Geimer (Frankfurt/Main, 2002), p. 29–99. _ [4] Roland Barthes, *Camera Lucida: Reflections on Photography*, trans. Richard Howard (New York, 1981). On the ephemeral character of film material and the photographic print, see also *Ordnungen der Sichtbarkeit. Fotografie in Wissenschaft, Kunst und Technologie*, ed. Peter Geimer (Frankfurt/Main, 2002), p. 313–341.

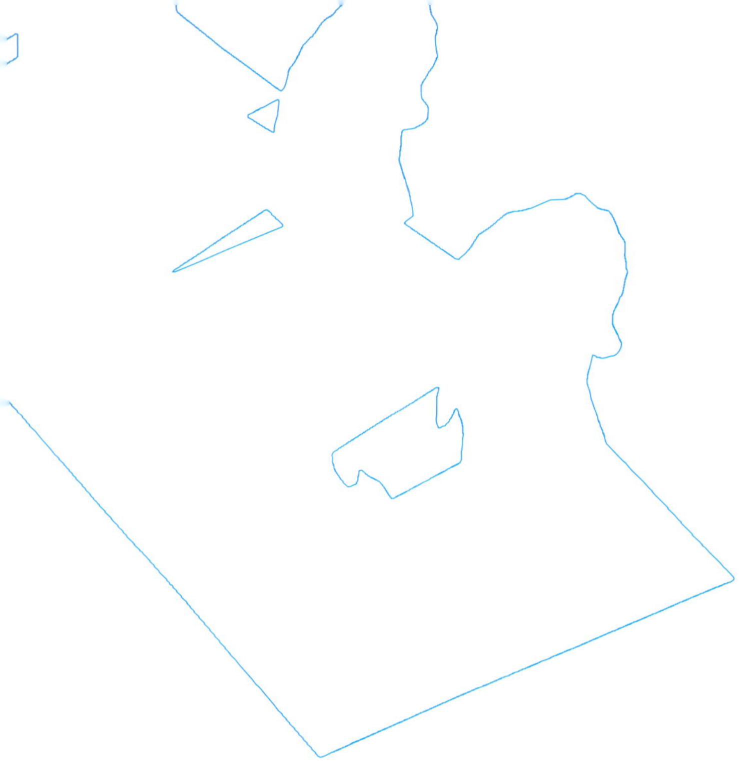

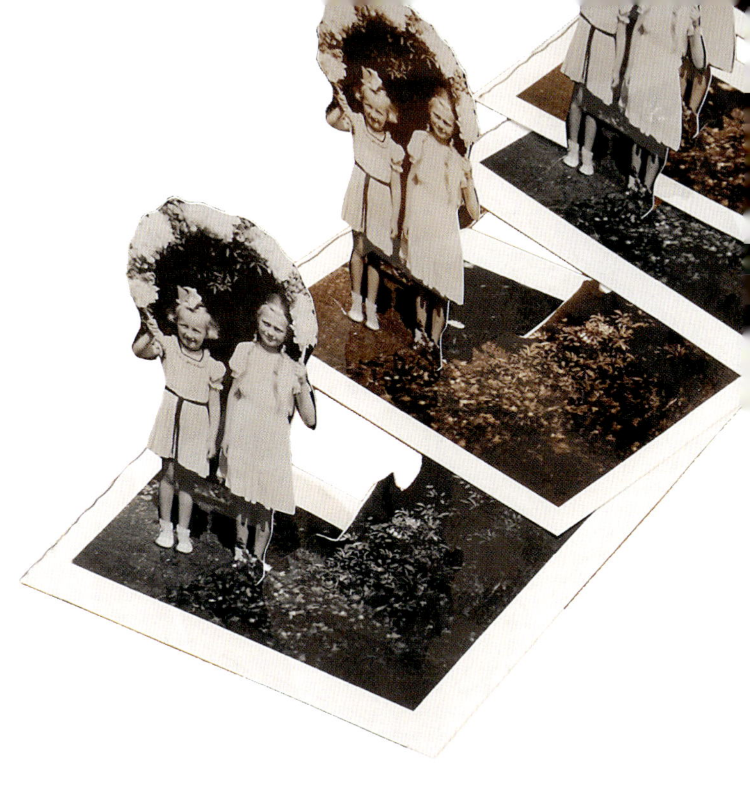

Das Verspannen von Inseln

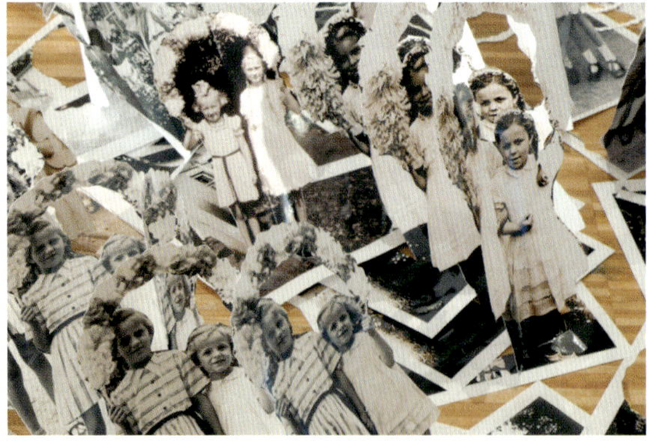

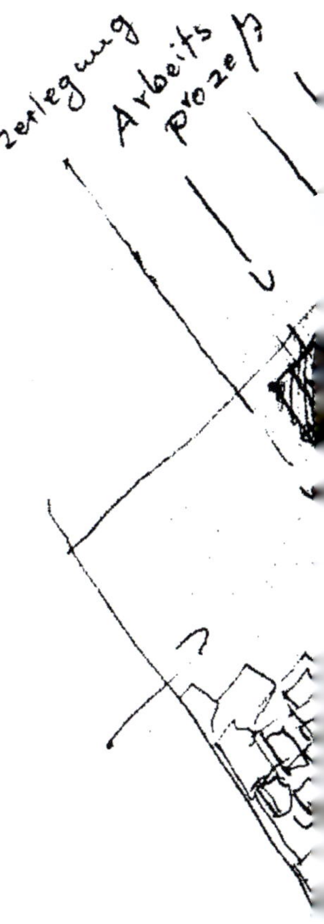

01_ Das Verspannen von Inseln, 2008

Installativer flächiger Raumkörper **Material** Klebeband, Nylonfaden, Stahlkordel und 2500 Fotoabzüge, 20 x 30 cm bis 50 x 90 cm **Bildquelle** historisches Archiv der Stadtgalerie im Elbeforum Brunsbüttel **Maße** die über 60 Nylonfäden gelegte, im Ausstellungsraum schwebende Fläche war 40 bis 50 m² groß **Präsentationsort** Stadtgalerie im Elbeforum Brunsbüttel **Ausstellungsdauer** 18. Mai bis 20. Juli 2008 **Produktionszeit** vor der Ausstellung, 4 Monate. Von der Kuratorin wurde 4 Monate lang ein Fotoarchiv zu einem regionalen Thema zusammengetragen. Gleichzeitig nahm ich die digitalen Fotografien, sortierte diese nach Herkunft in Alben und bereitete den installativen Raumkörper in 170 Modulen, sogenannten Inseln, vor. Eine Insel wurde aus Fotos gebildet, die aus einem Album entnommen wurden. Nach Ausstellungsende wurde der Raumkörper aufgelöst. Teile sind im Archiv der Stadtgalerie, Teile im Besitz der Künstlerin. Diejenigen, die dem Archiv Fotos zur Verfügung stellten, konnten sich Teile der Installation mitnehmen. _ Installational expansive spatial body **Material** tape, nylon thread, steel cord, and 2500 photographic prints, 20 x 30 cm to 50 x 90 cm **Picture source** historical archive, Stadtgalerie im Elbeforum Brunsbüttel **Size** the surface, floating on 60 nylon threads in the exhibition space, was 40 to 50 m² **Presentation site** Stadtgalerie im Elbeforum Brunsbüttel **Exhibition dates** May 18 to July 20, 2008 **Production period** before the exhibition, 4 months. The curator put together an archive of photographs about a regional issue over a four-month period. At the same time, I took these digital photographs, sorted them into albums according to their origin, and prepared the installational body in 170 modules, so-called islands. An island consisted of photographs from one of the albums. After the end of the exhibition, the spatial body was dismantled. Some parts are now included in the archive at Stadtgalerie, while other parts are now held by the artist. Those who provided the archive with photographs could take parts of the installation with them.

Gesamtansichten, Teilansichten, Details, Skizze _ Overall views, partial views, details, sketch

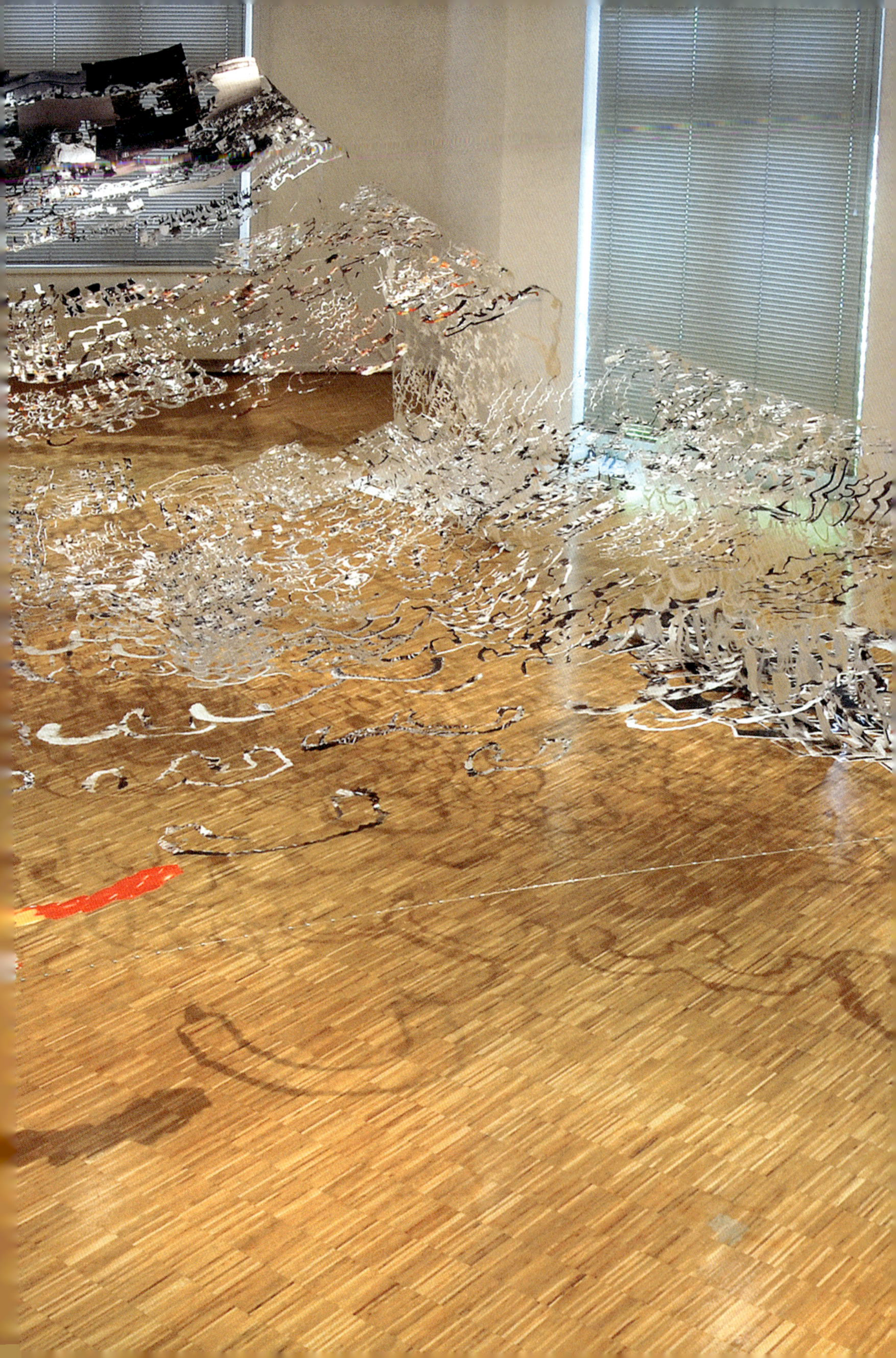

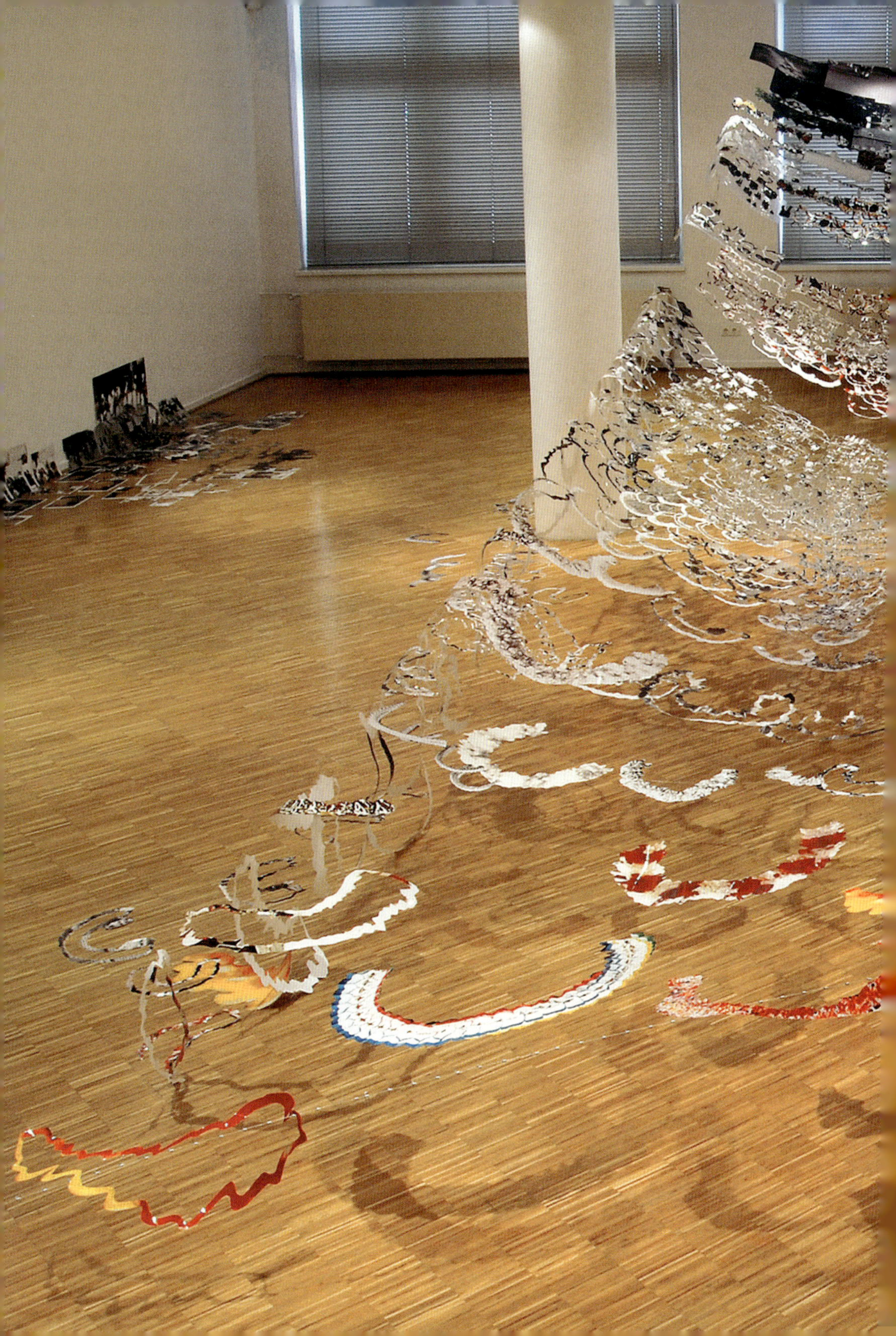

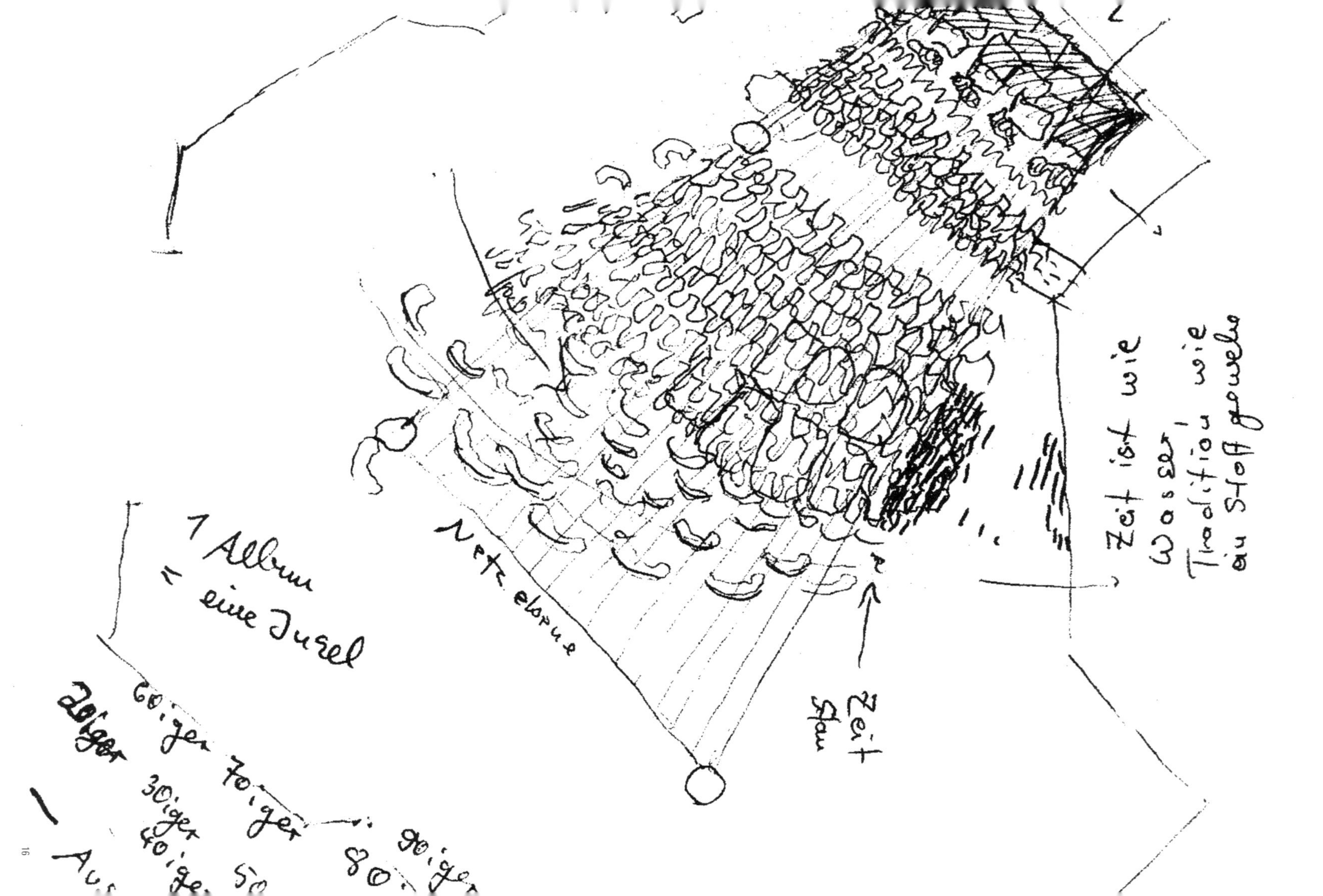

1 Album
= eine Insel
20iger 30iger 40iger 50... 60iger 70iger 80... 90iger
Aus
Netz ebene
Zeit
Stau
Zeit ist wie
Wasser,
Tradition wie
ein Stoff gewebe

könnte weitergehen

orientiert
konkret ——————— abstrakt

2000
vor 80 Jahren !

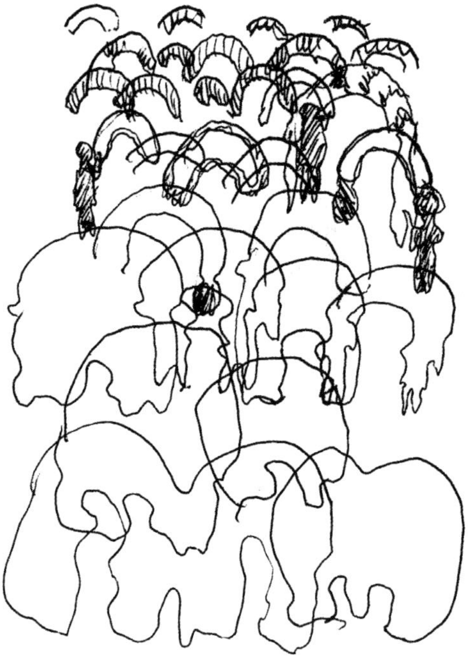

Das Auflösen des Fotos
und Zusammenlegen
zum Muster

Individuen
= Inseln
werden verspannt
zum Ornament

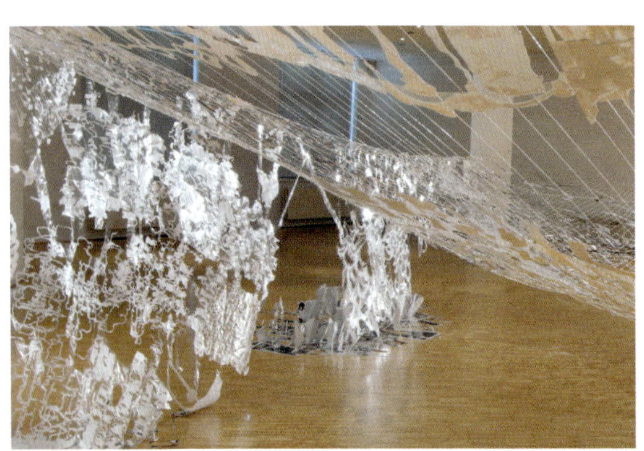

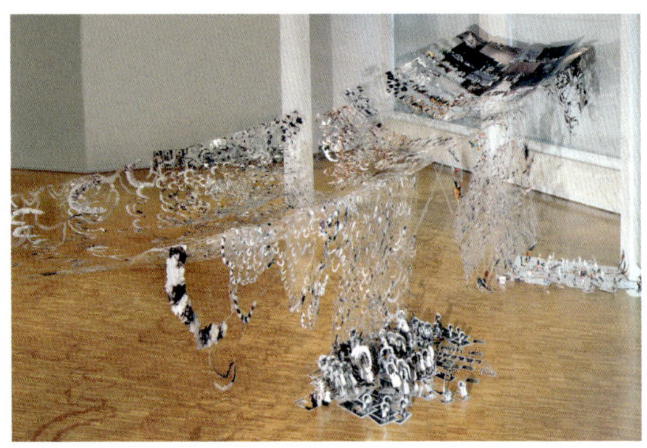

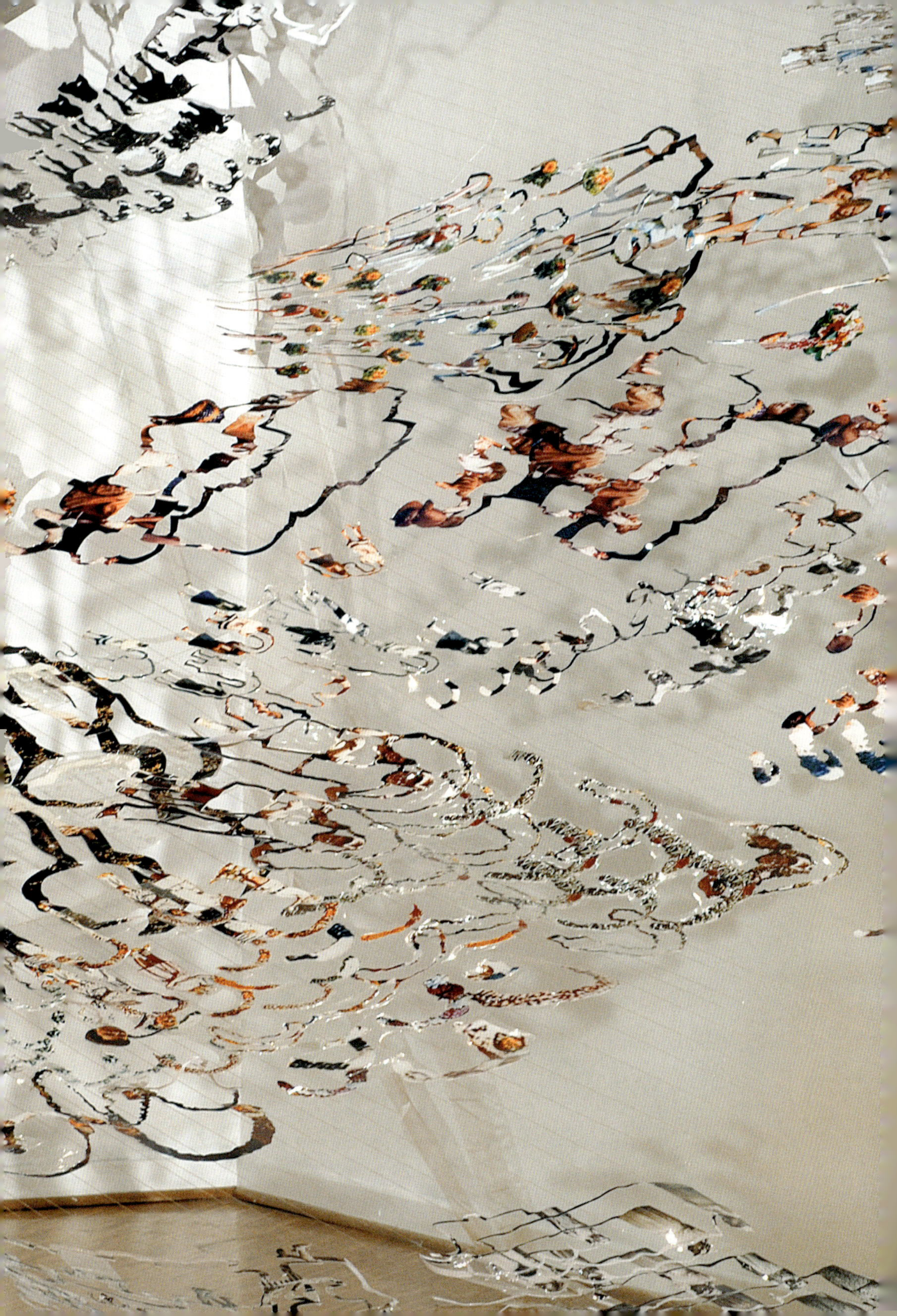

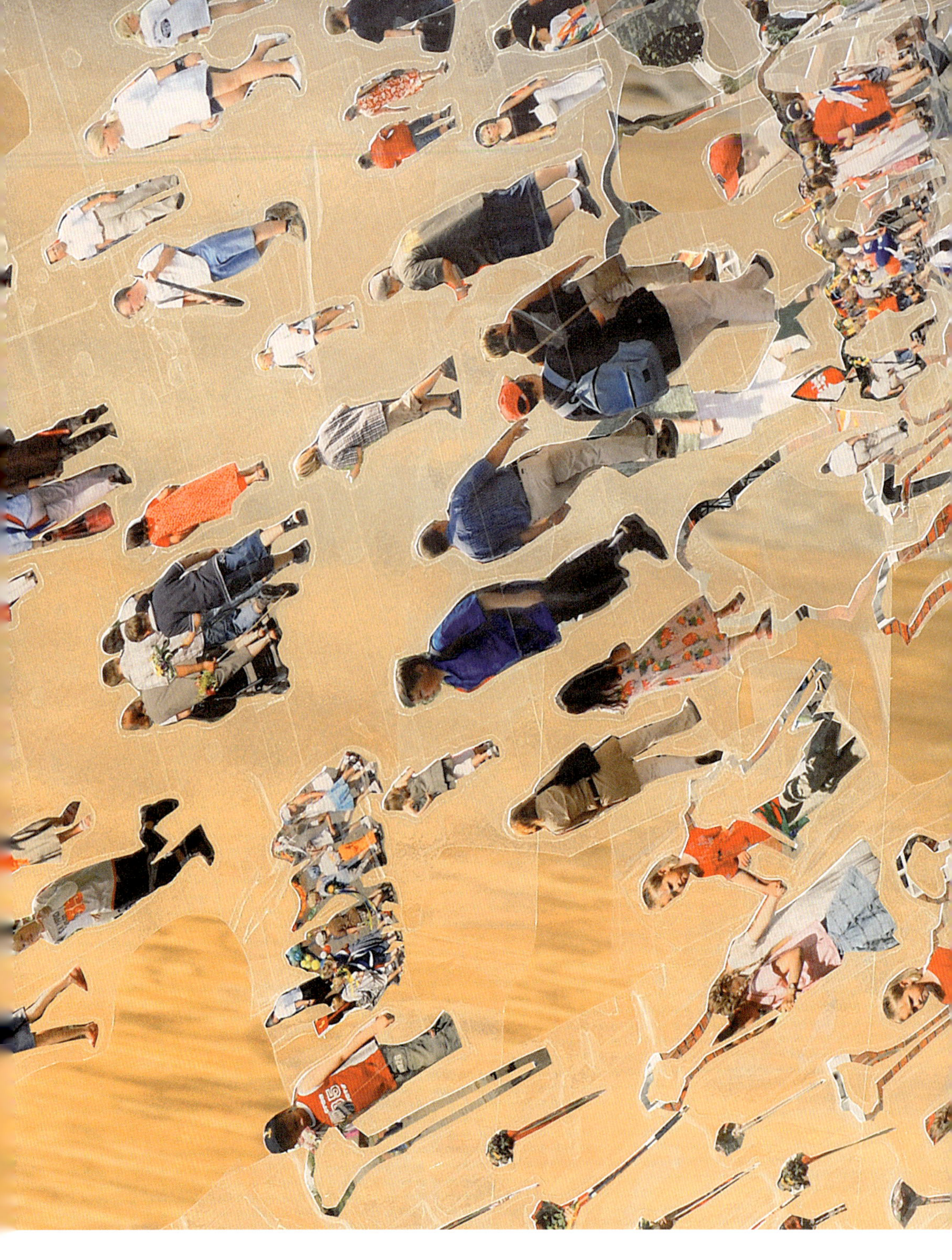

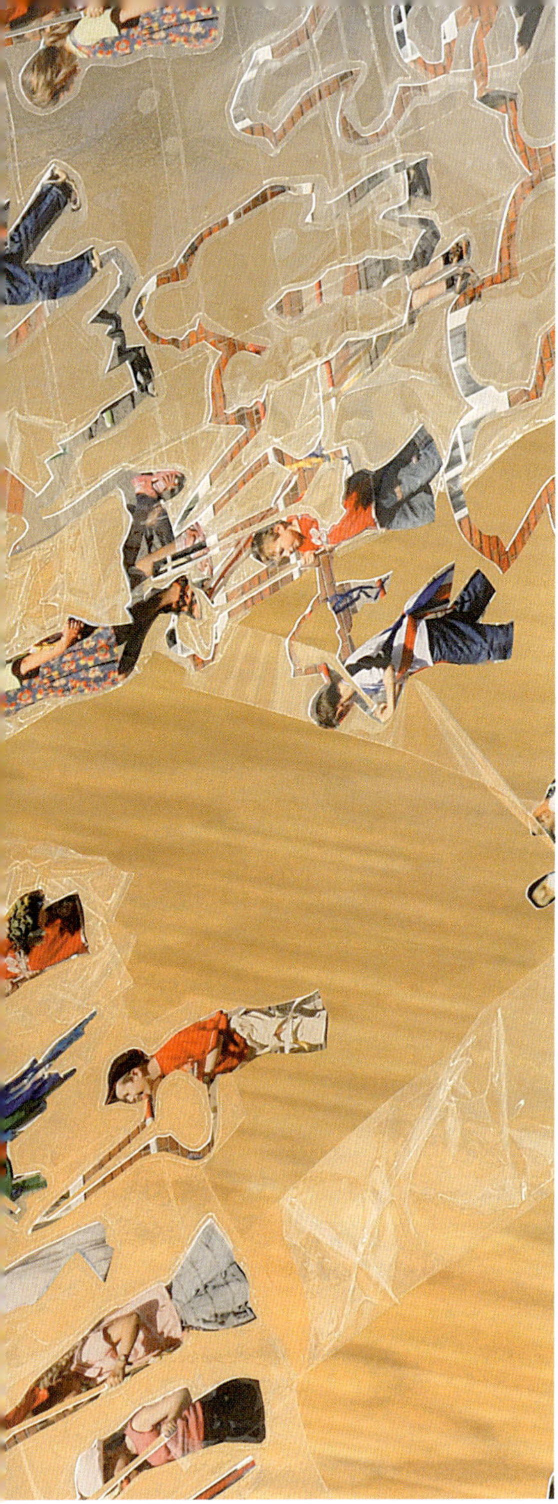

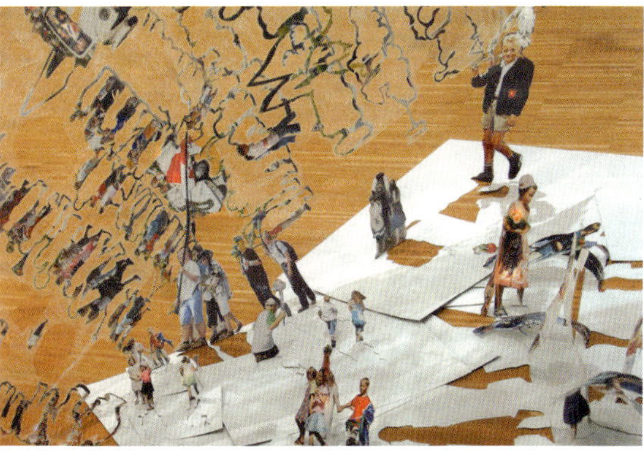

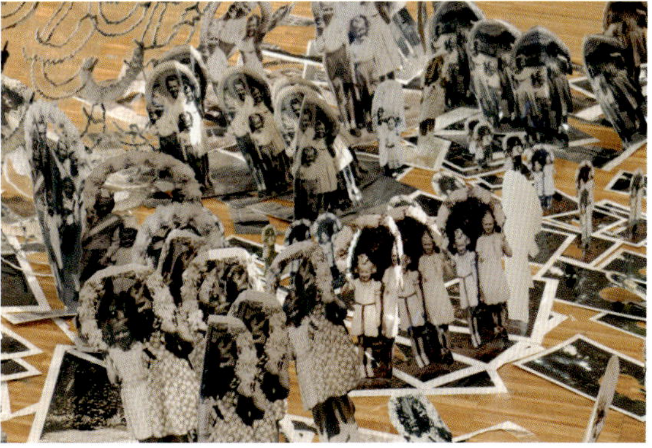

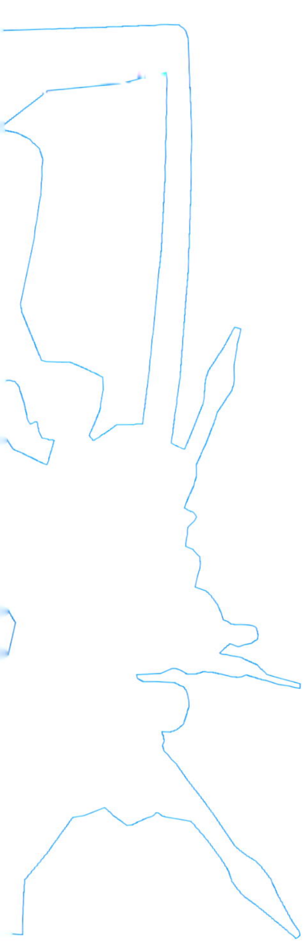

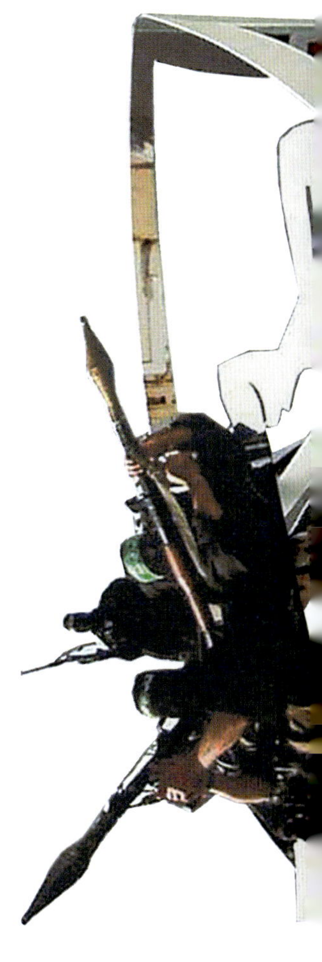

Crystalline Thinking

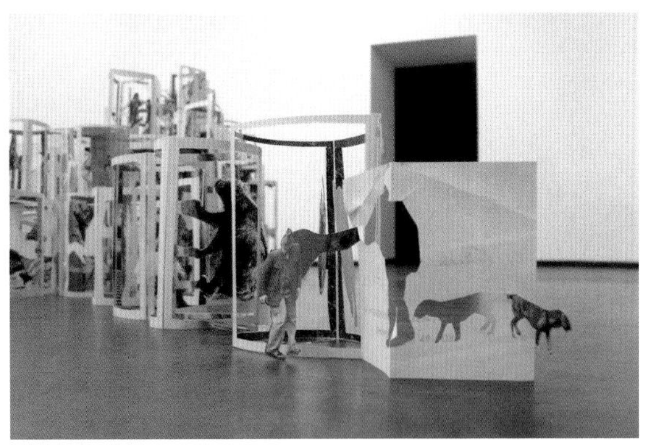

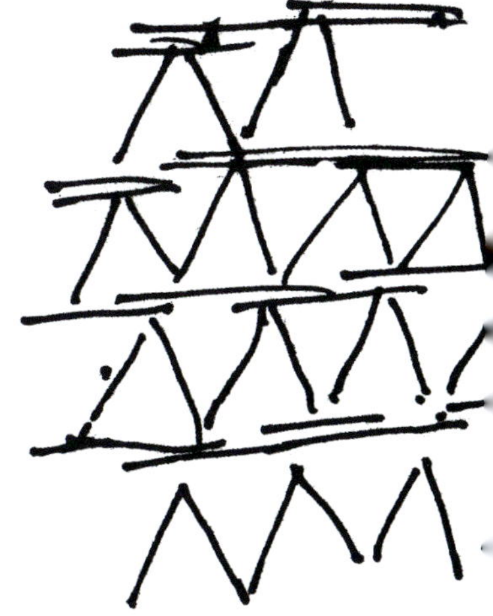

02 _ Crystalline Thinking, 2007 –

Variabler installativer Raumkörper **Material** Klebeband und Fotoabzüge, 10 x 15 cm **Bildquelle** Fotos der Internet-presse **Maße** variabel **Präsentationsorte** KioskShop berlin, 2007; Fotogalerie Wien, Österreich, 2007; Kunstverein Tosterglope, Lüneburg, 2008 **Produktionszeit** variabel. Der Raumkörper besteht aus einer wachsenden Anzahl von vorproduzierten Fotokörpern, lose aufeinandergestapelt. Die Form des Körpers wird für jeden Ausstellungsort neu bestimmt.
_ Variable spatial body **Material** tape and photographic prints, 10 x 15 cm **Picture source** photographs, Internet press **Size** variable **Presentation sites** KioskShop berlin, 2007; Fotogalerie Wien, Austria, 2007; Kunstverein Tosterglope, Lüneburg, 2008 **Production period** variable. The spatial body consists of a growing number of prefabricated photobodies, loosely piled on top of each other. The shape of the spatial body is redefined for each exhibition space.

Gesamtansichten, Teilansichten, Details, Skizze **01** Arbeitssituation **02** Gesamtansichten, Fotogalerie Wien, Österreich, 2007 **03** Teilansicht, KioskShop berlin, 2007 _ Overall views, partial views, details, sketch **01** work situation **02** overall views, Fotogalerie Wien, Austria, 2007 **03** partial view, KioskShop berlin, 2007

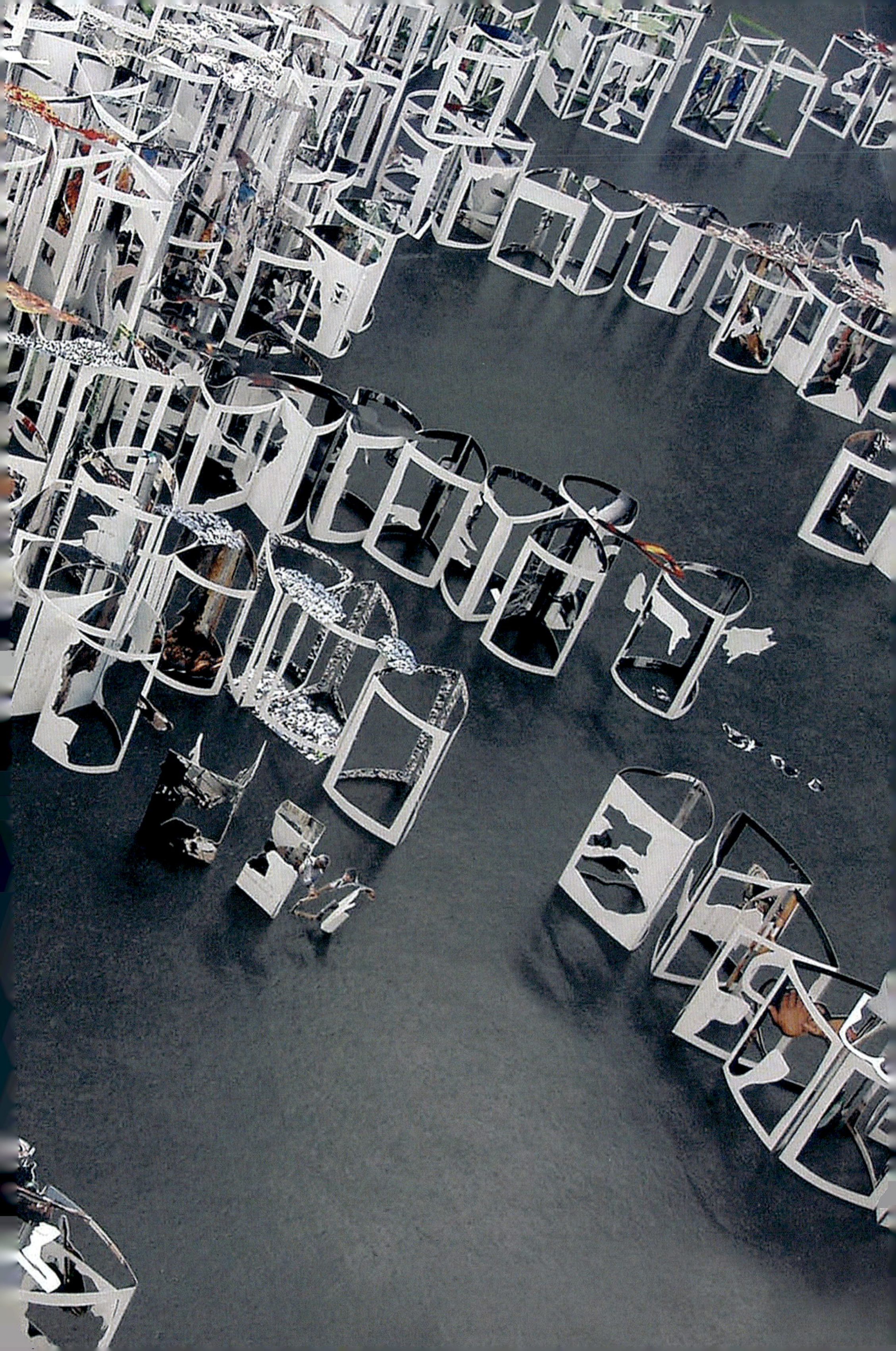

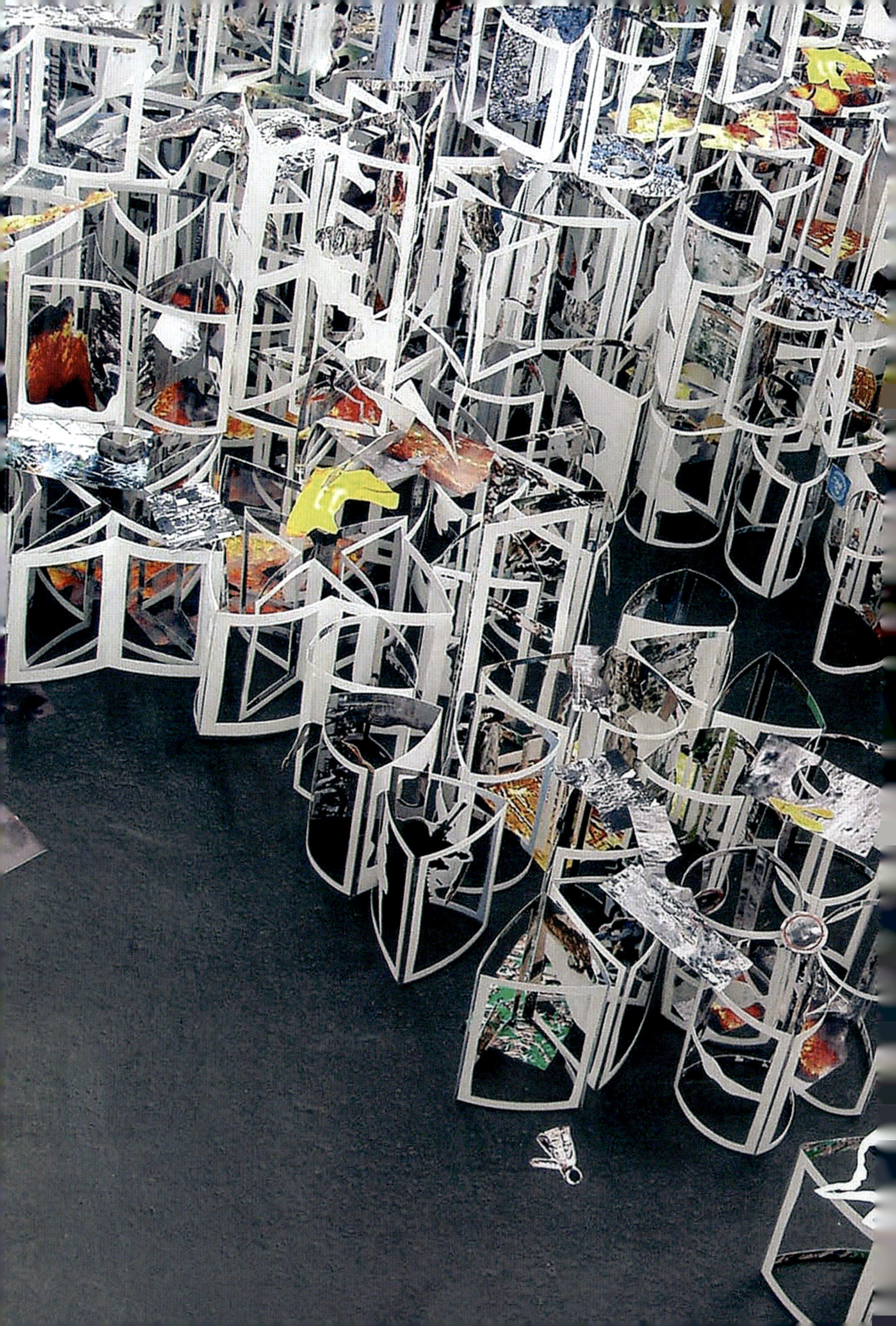

Prinzip
Kartenhaus
fragile
Konstruktion

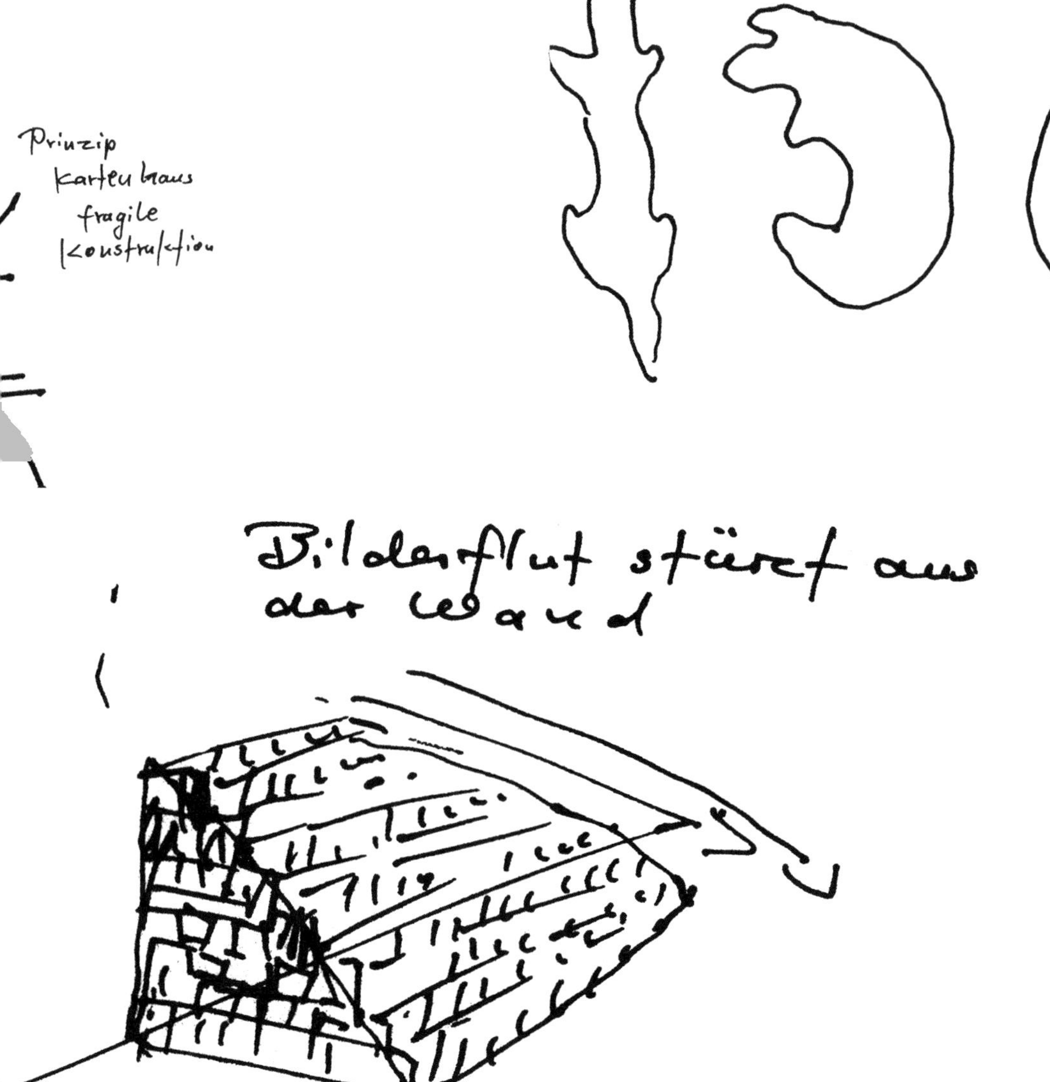

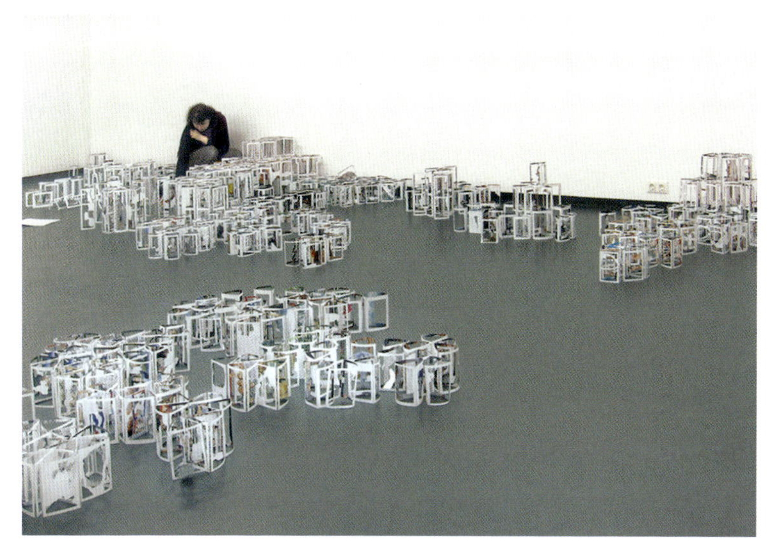

01

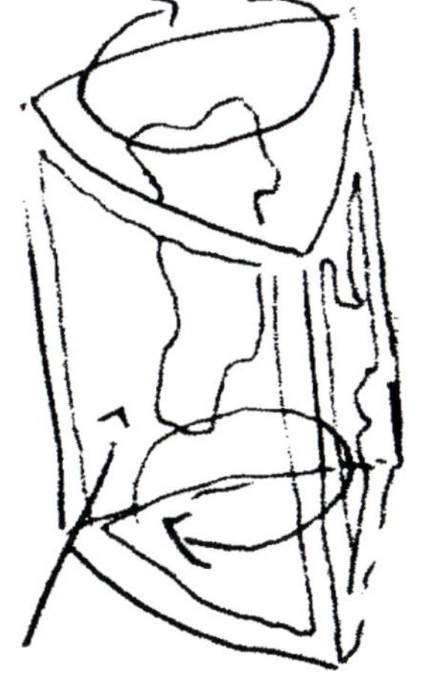

3 Fotos
Bildraum

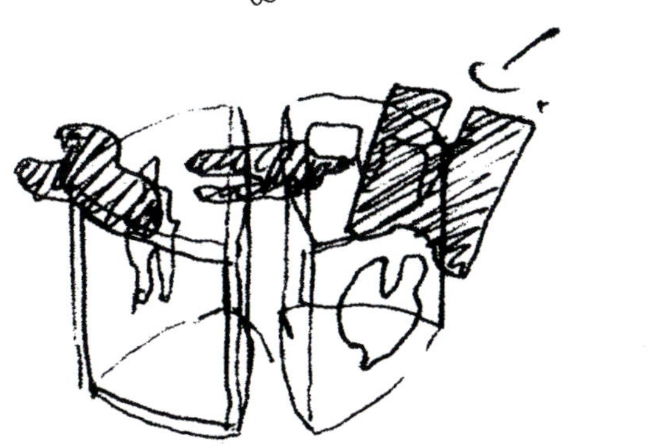

Was bleibt im Fotokörper?

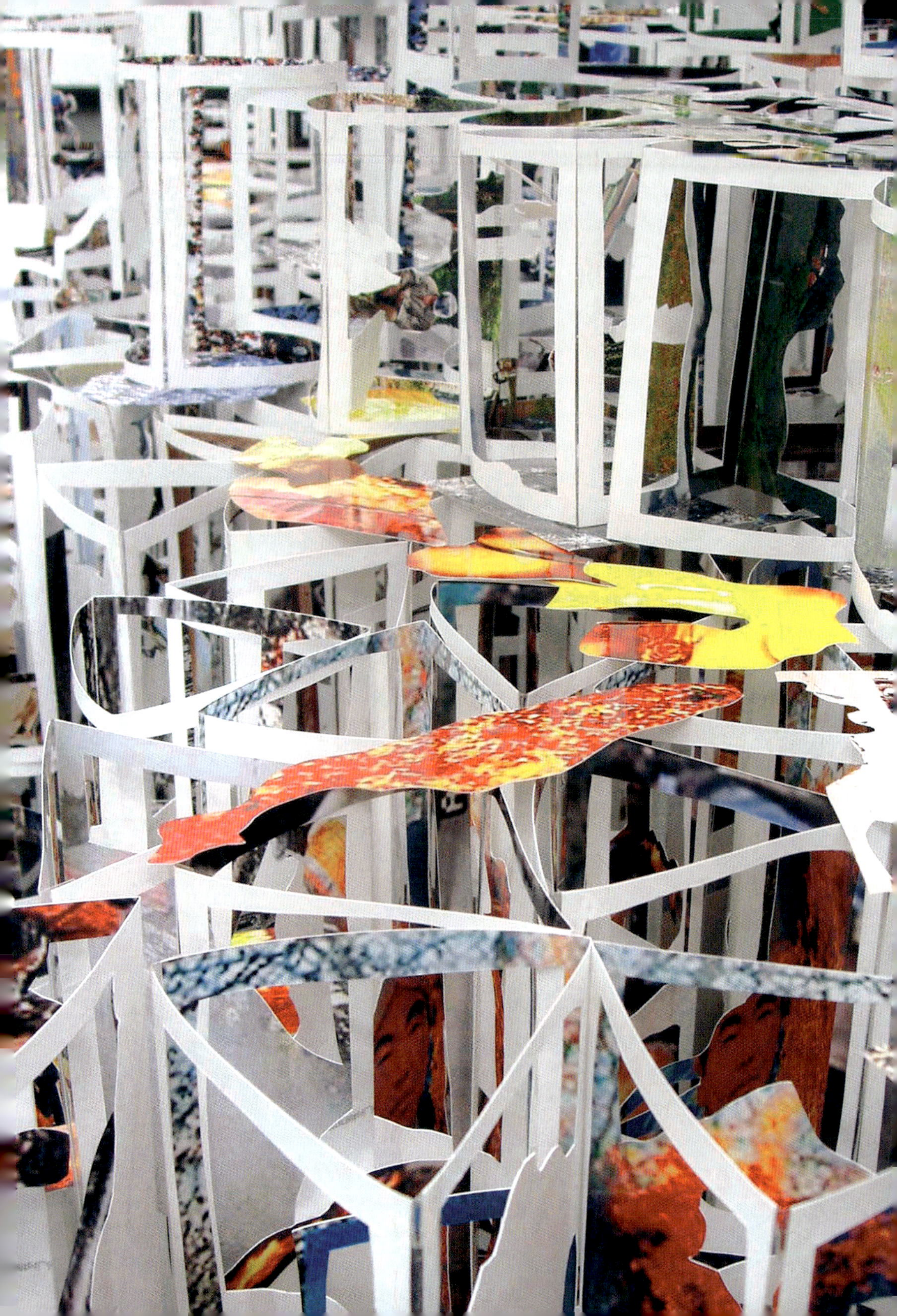

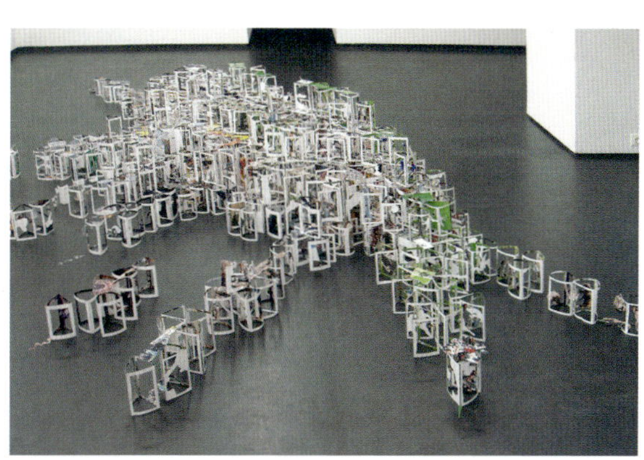

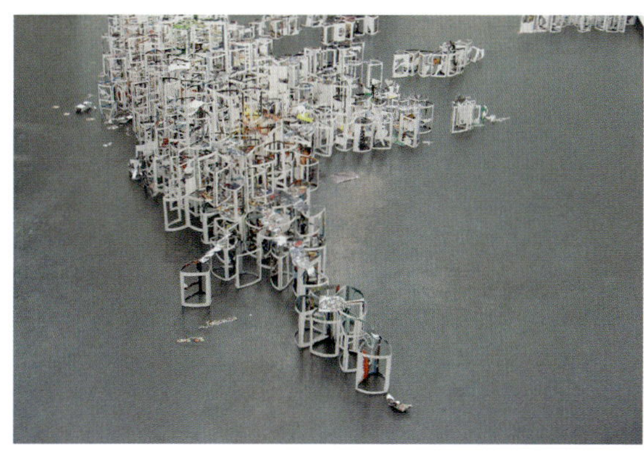

02

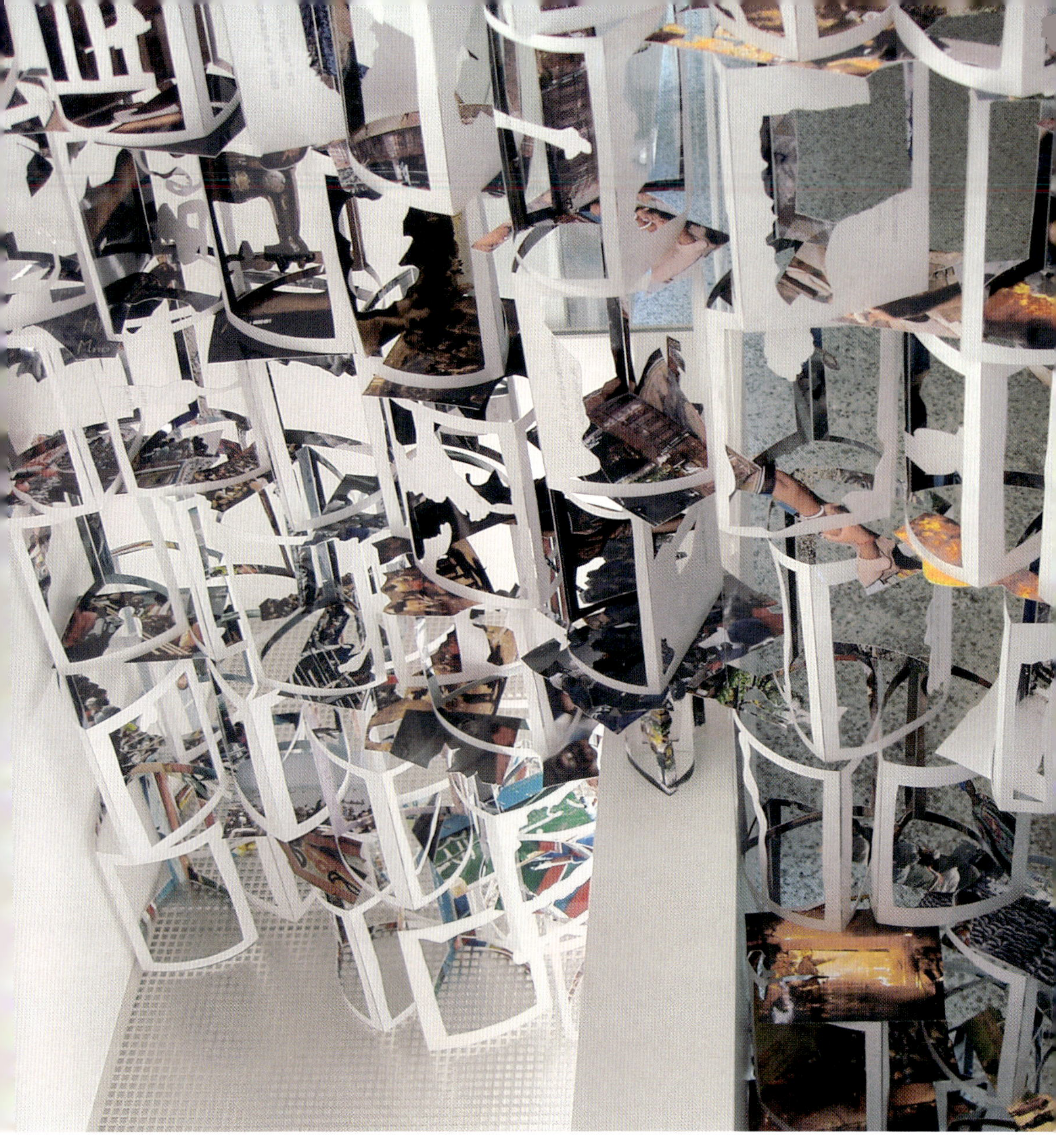

03

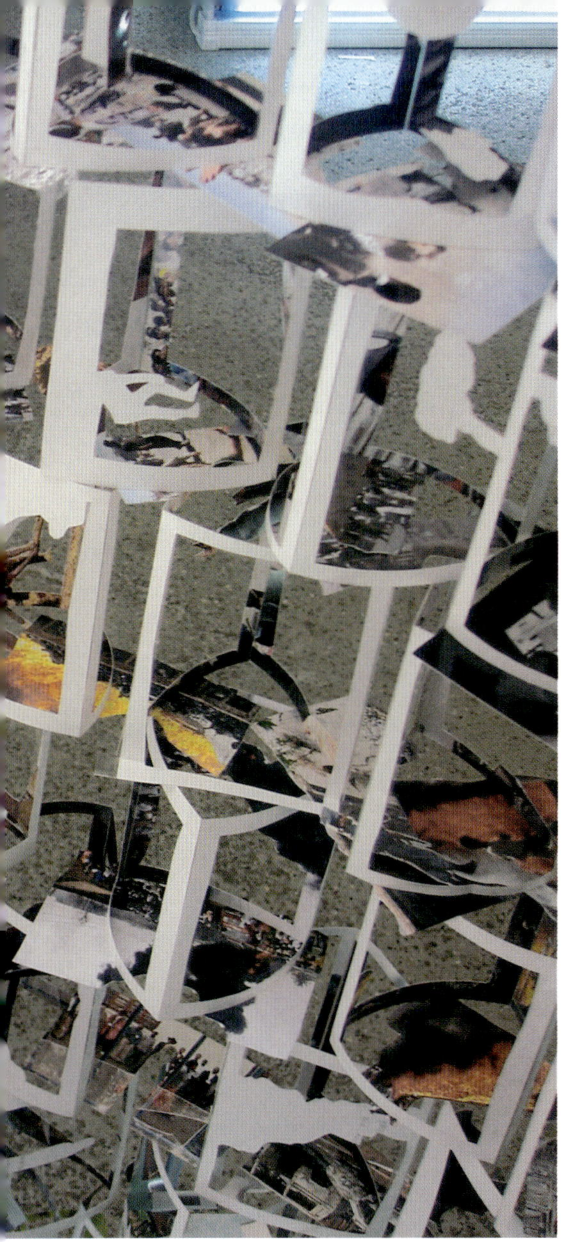

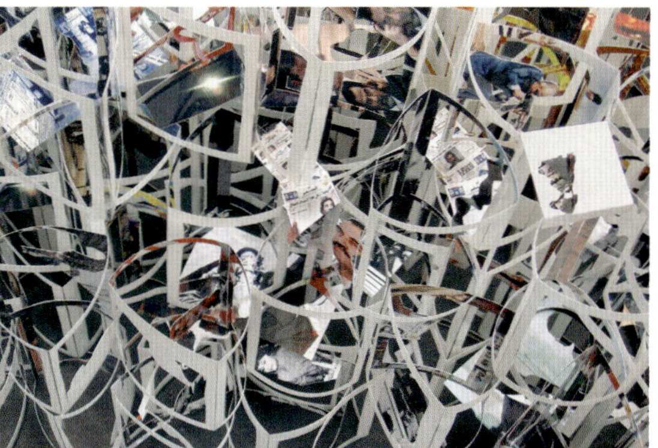

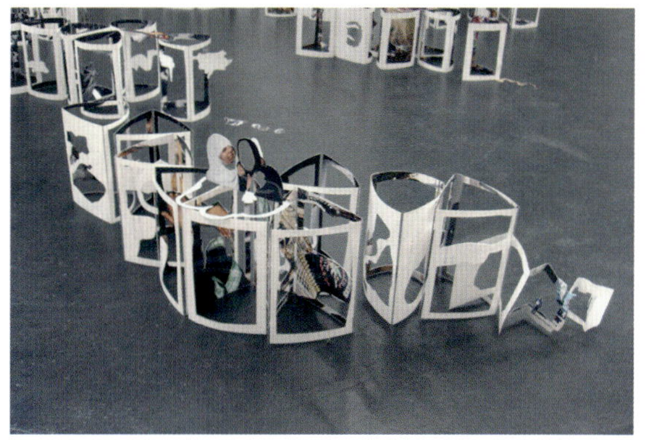

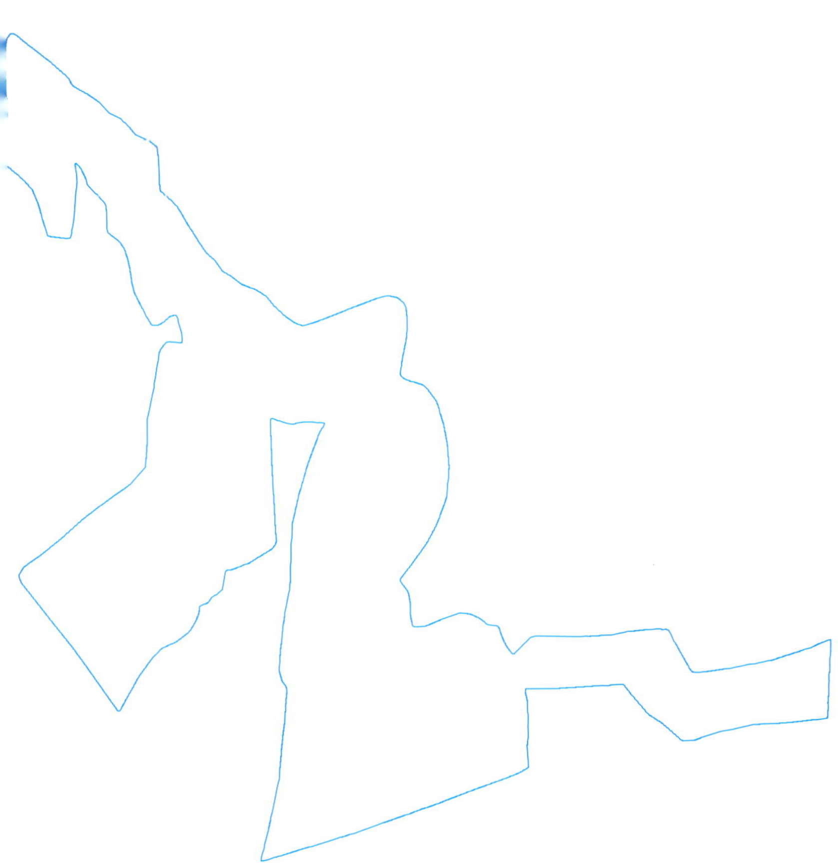

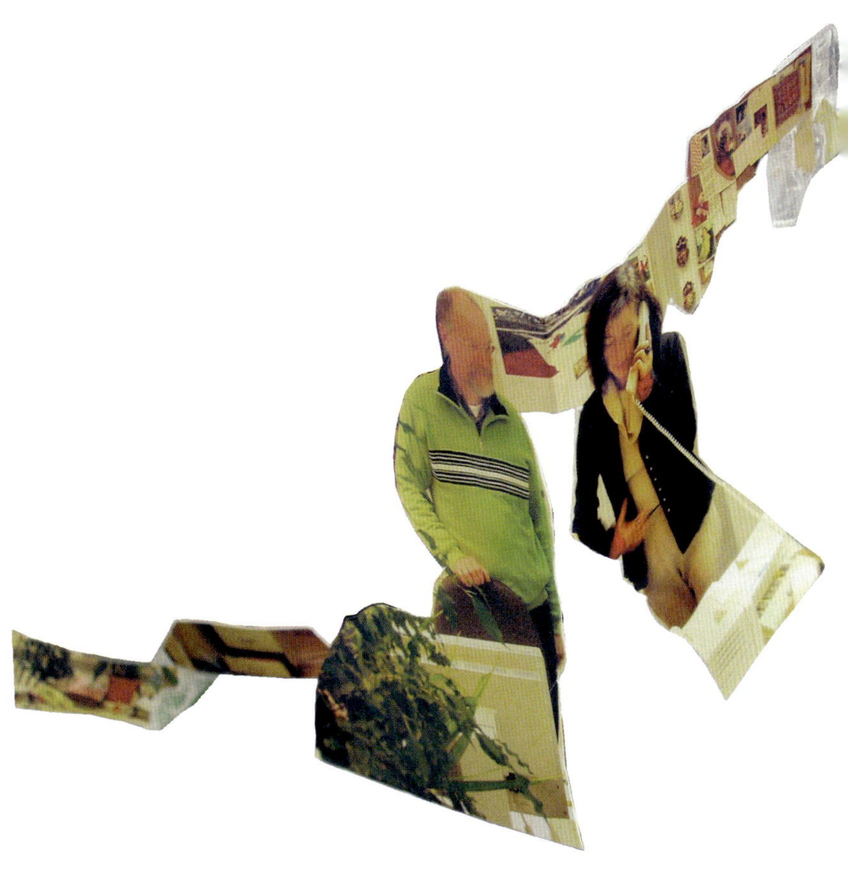

Wie baue ich einen Taifun?

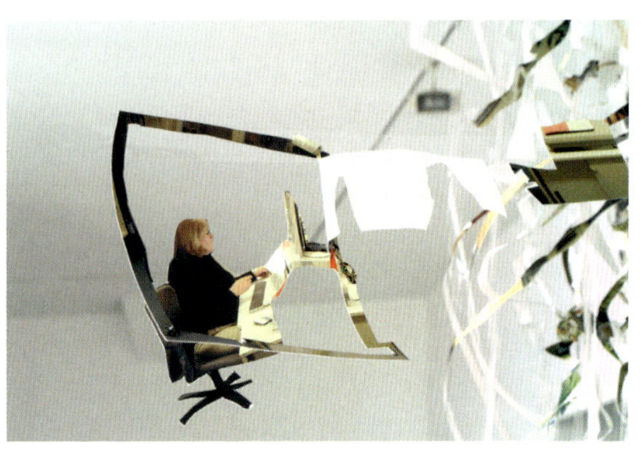

03 _ **Wie baue ich einen Taifun?, 2006**

Installativer Raumkörper **Material** Klebeband und 200 Fotoabzüge,13 x 18 cm **Bildquelle** eigenerzeugte Fotosammlung für das Projekt, Aufnahmen der Büros der Senatsverwaltung für Wissenschaft, Forschung und Kultur, Berlin **Maße** 4 m hoch, 50 cm Durchmesser **Präsentationsort** Kunstbank Berlin **Ausstellungsdauer** 6. bis 28. Januar 2006 **Produktionszeit** während der Ausstellung, 25 Tage. Der Raumkörper wurde während der Ausstellungszeit im Erdgeschoss der Senatsverwaltung in der Kunstbank produziert und ist nicht mehr erhalten. Senatsmitarbeiter konnten täglich das Entstehen der Skulptur mitverfolgen. _ Installational spatial body **Material** tape and 200 photographic prints, 13 x 18 cm **Picture source** my own collection of photographs, taken for the project, shots of the offices housing Senatsverwaltung für Wissenschaft, Forschung und Kultur, Berlin **Size** 4 m in height, 50 cm in diameter **Presentation site** Kunstbank Berlin **Exhibition dates** January 6 to 28, 2006 **Production period** during the exhibition, 25 days. The spatial body was produced during the exhibition period on the ground floor of Berlin's Senatsverwaltung at the Kunstbank and no longer exists. Each day, the department's employees could witness the sculpture emerging.

Gesamtansichten, Teilansichten, Details, Skizze **01** Besucher **02** Arbeitssituation _ Overall views, partial views, details, sketch **01** visitors **02** work situation

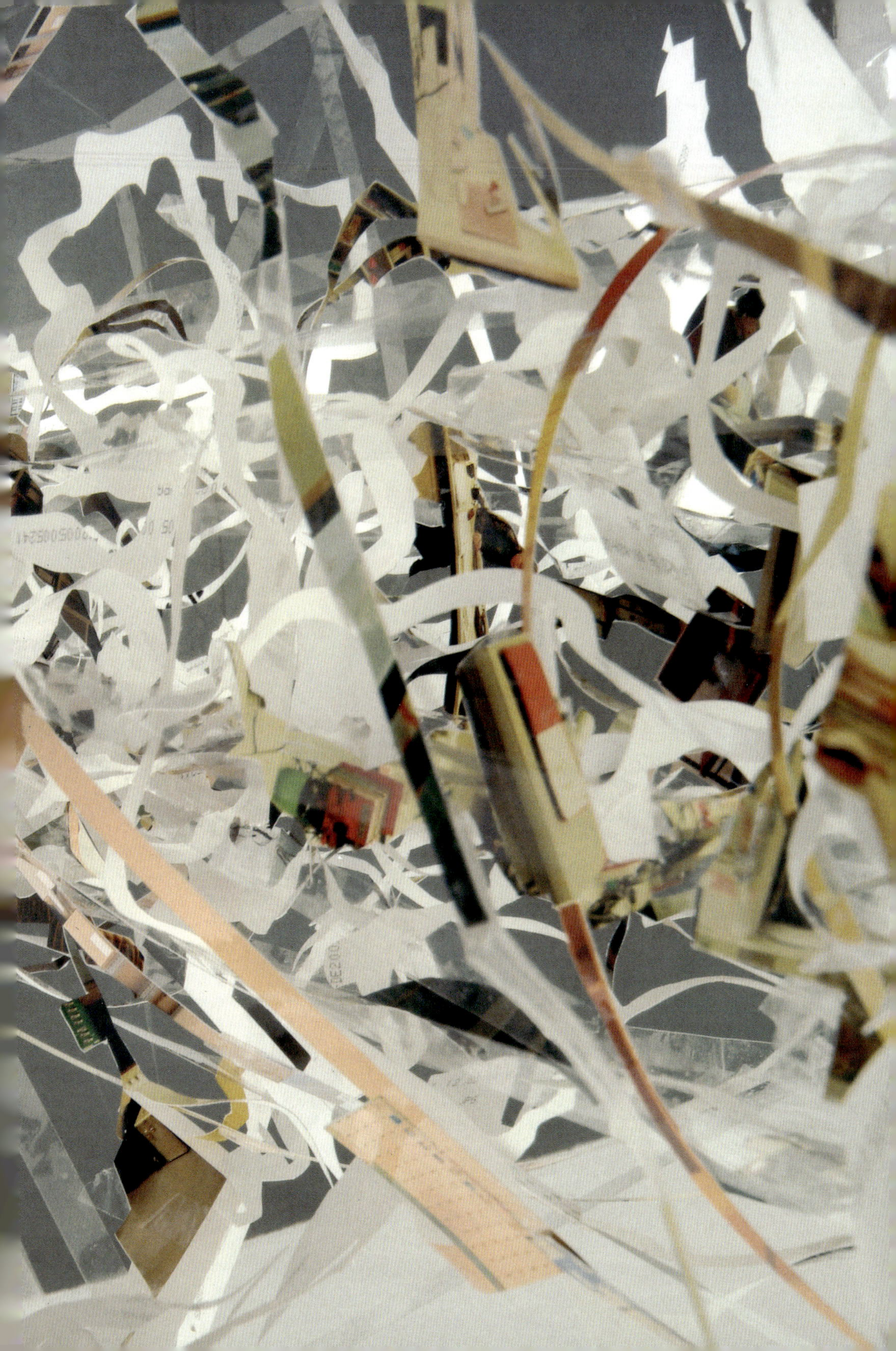

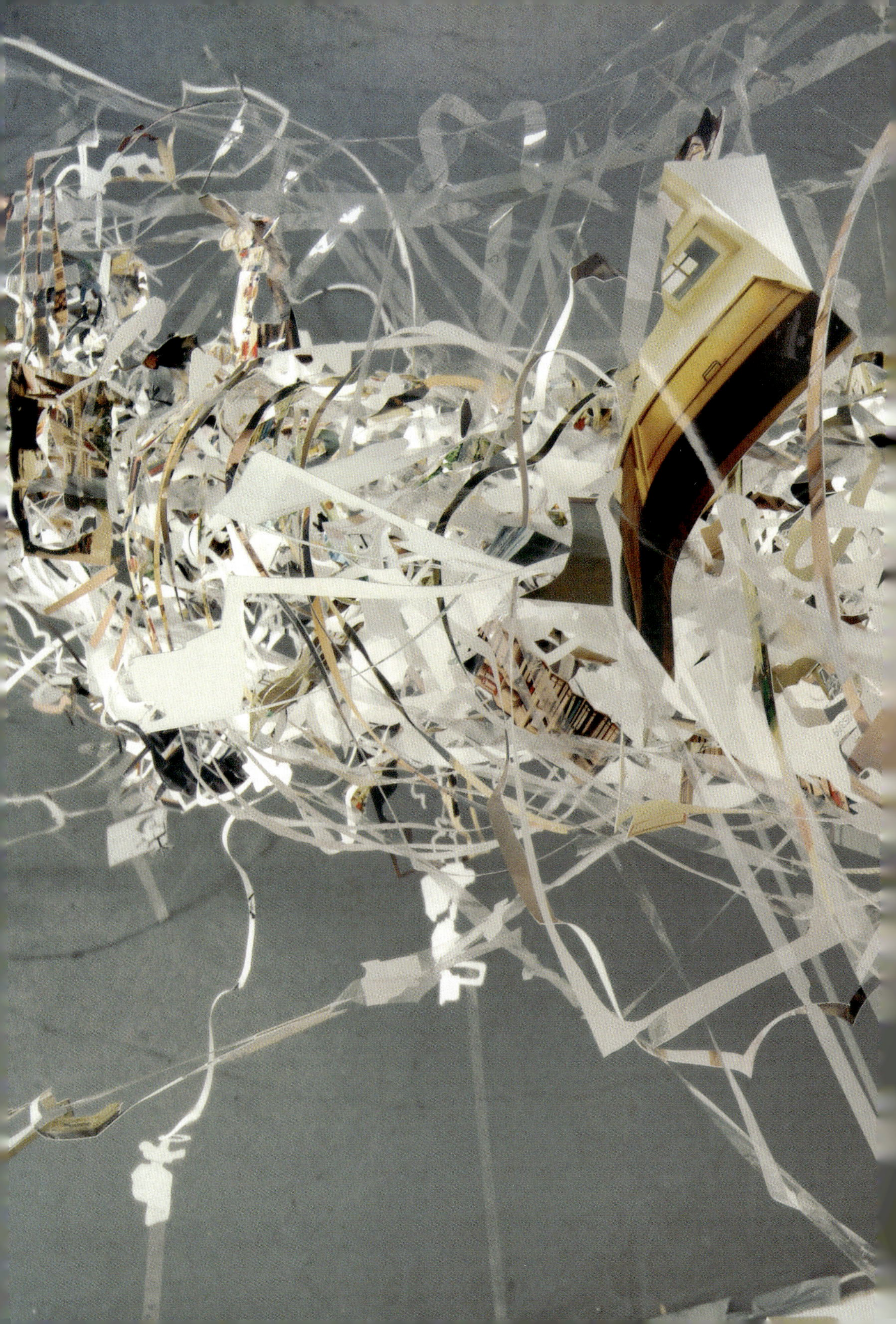

-ur, Chaos,
...dert raus
...gt   ein

...det den
...uhalt = fragil = nicht tragend

____

44

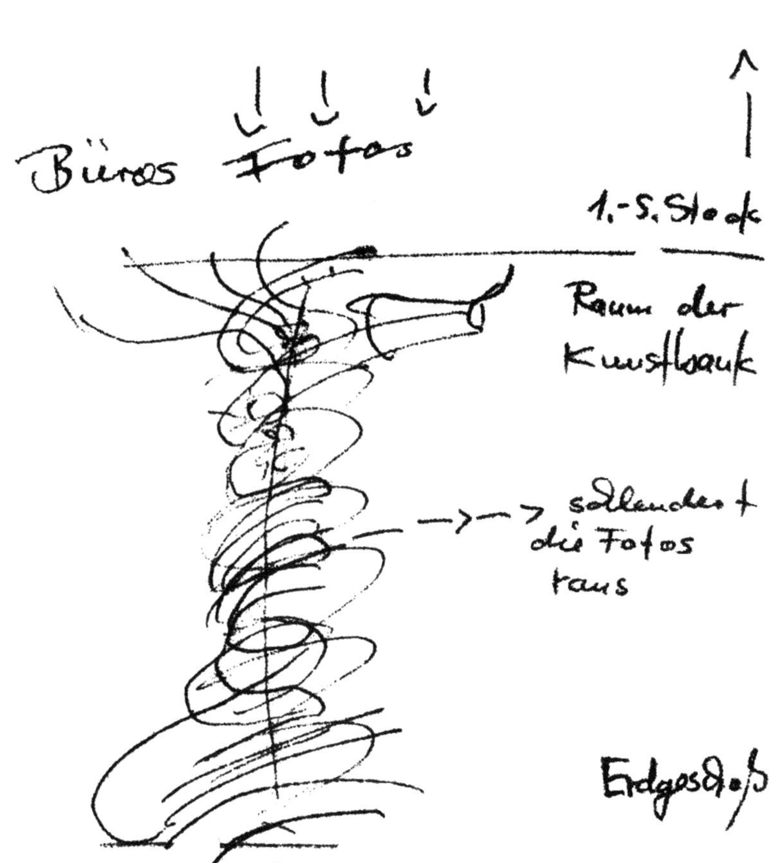

tragende Säule
____
des Raumes
= stützt das
Gebäude
= stark
fest

Galeristin
arbeitet

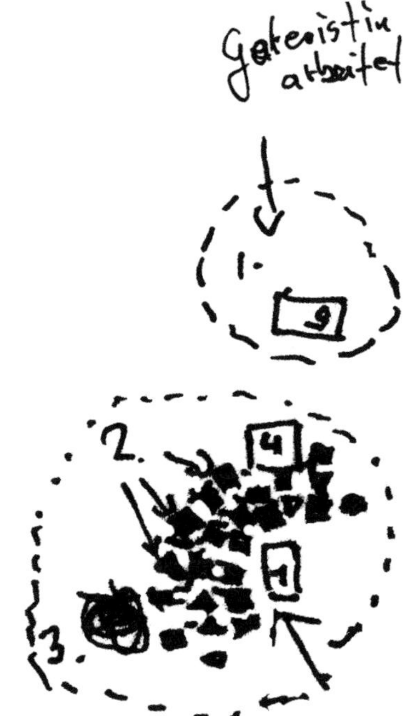

Künstlerin
arbeitet

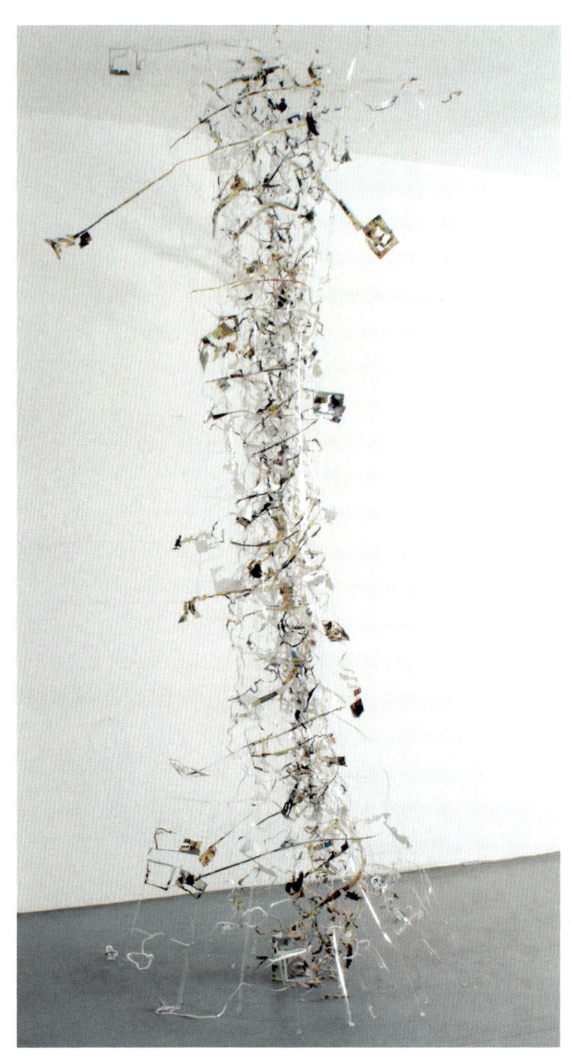

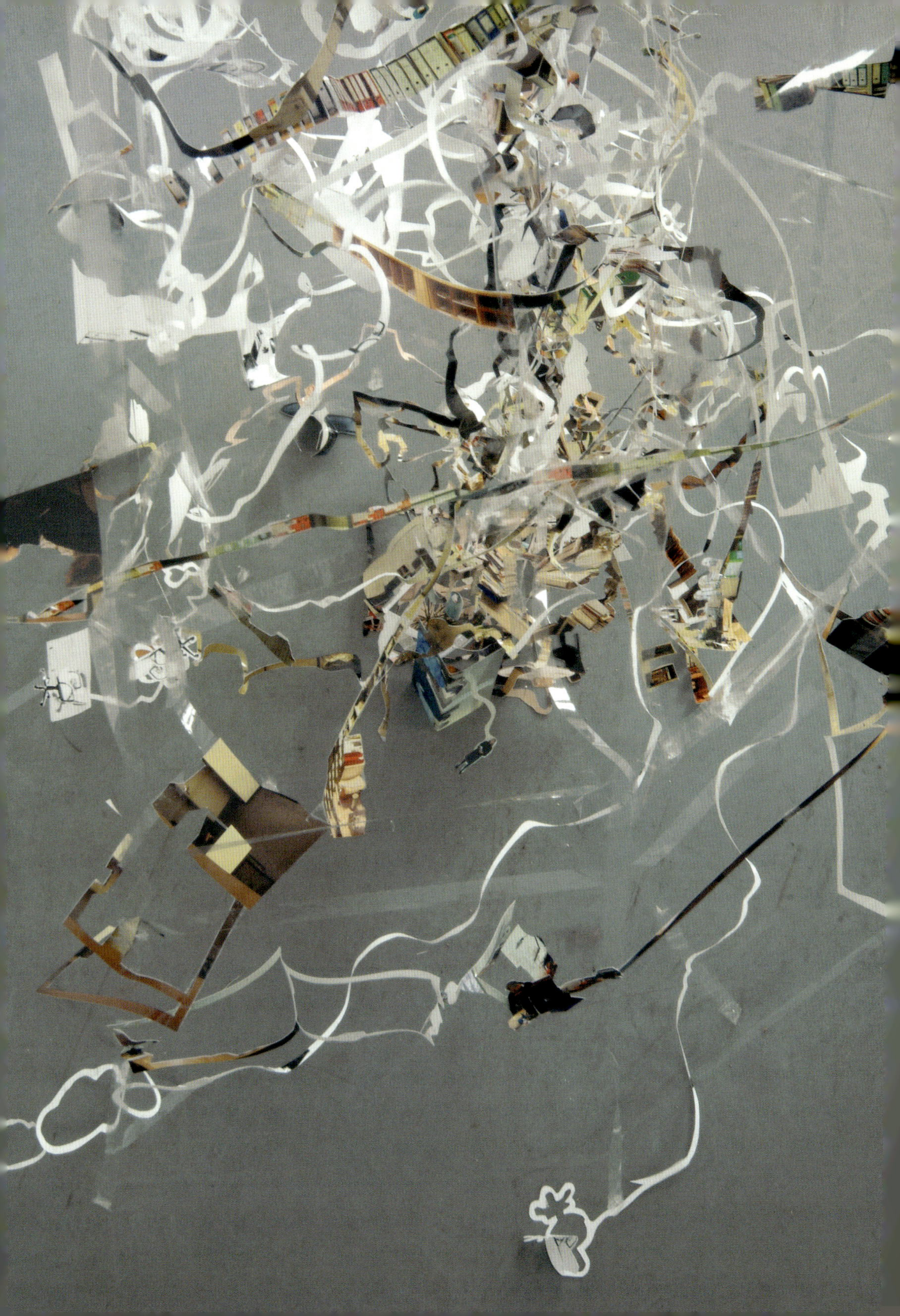

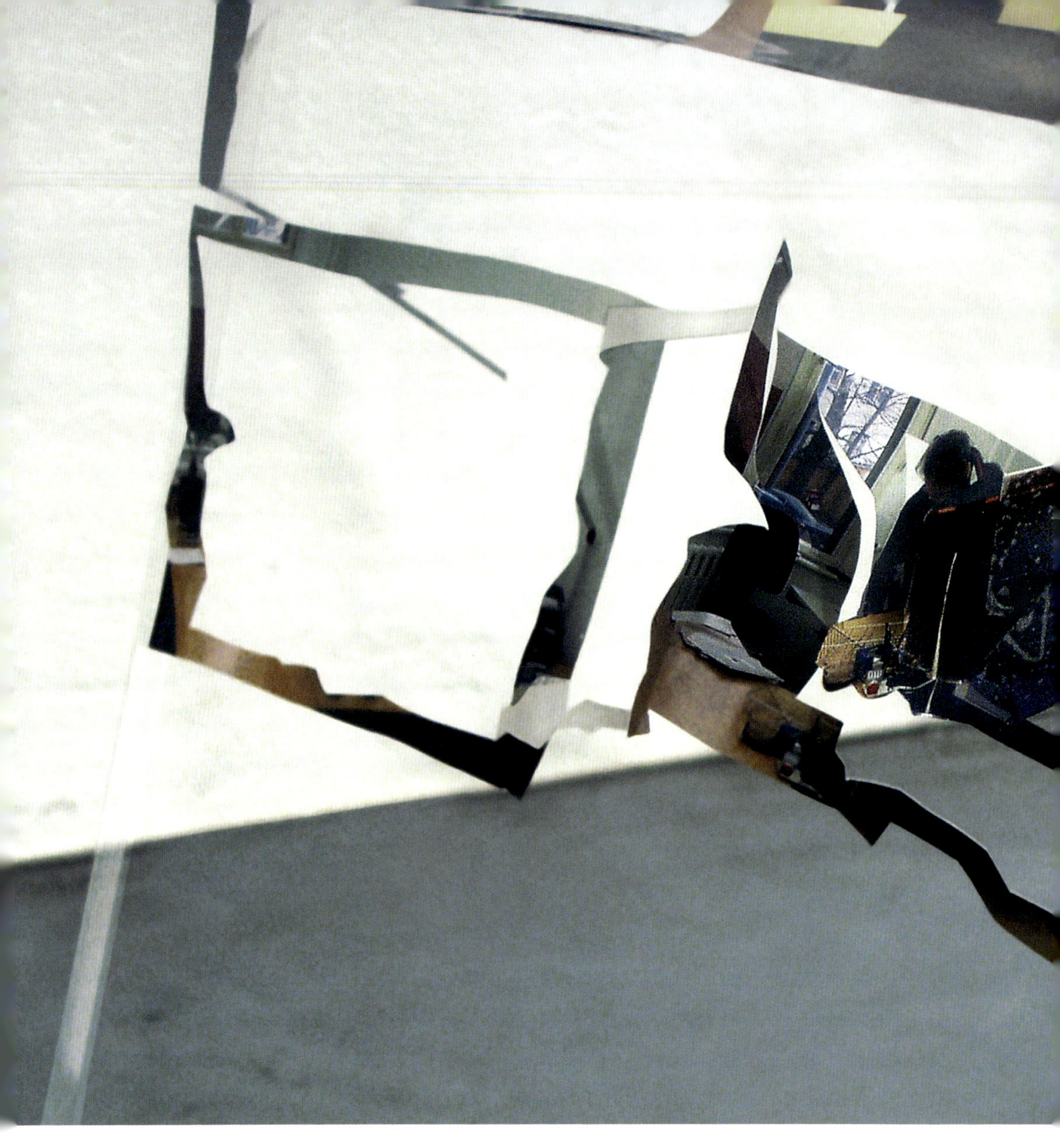

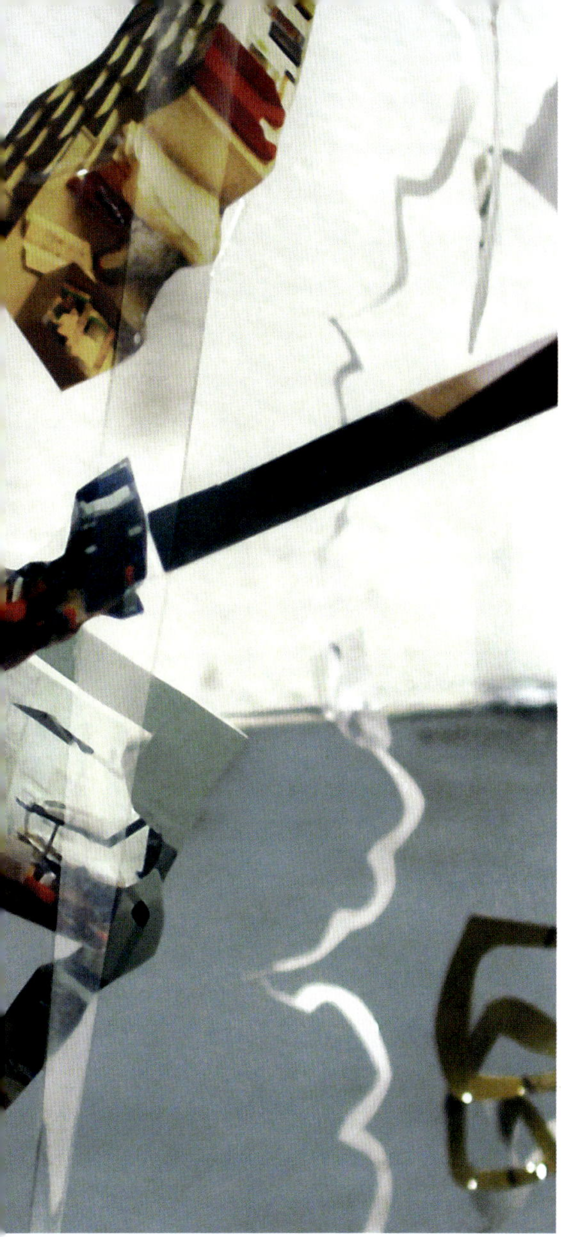

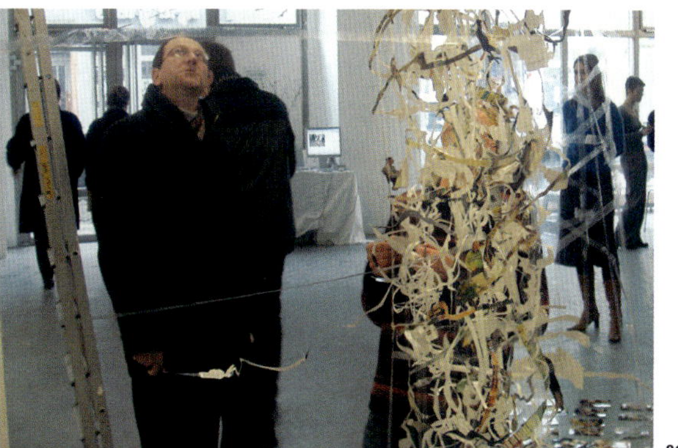

01

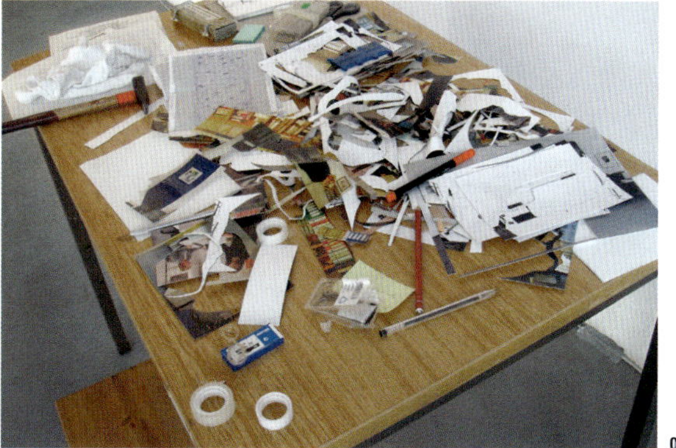

02

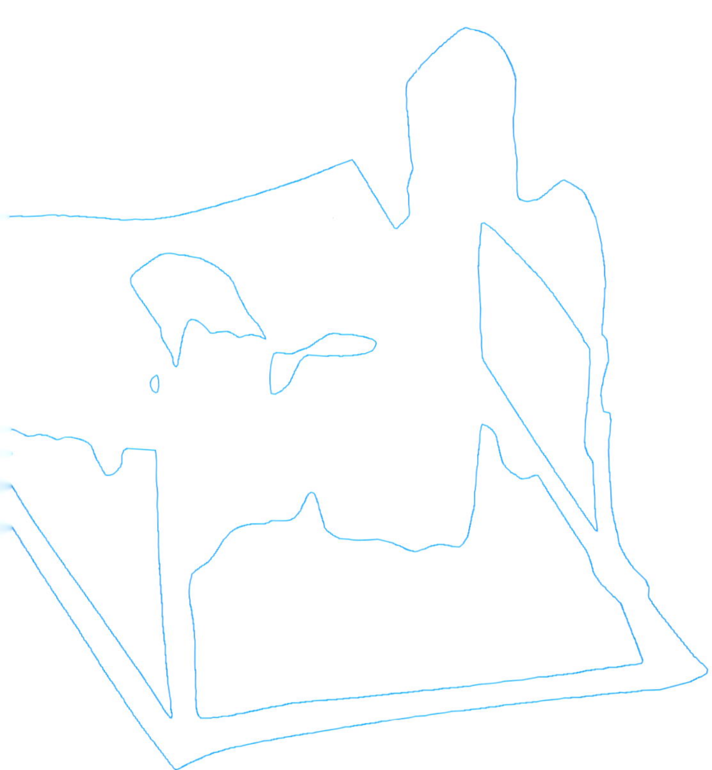

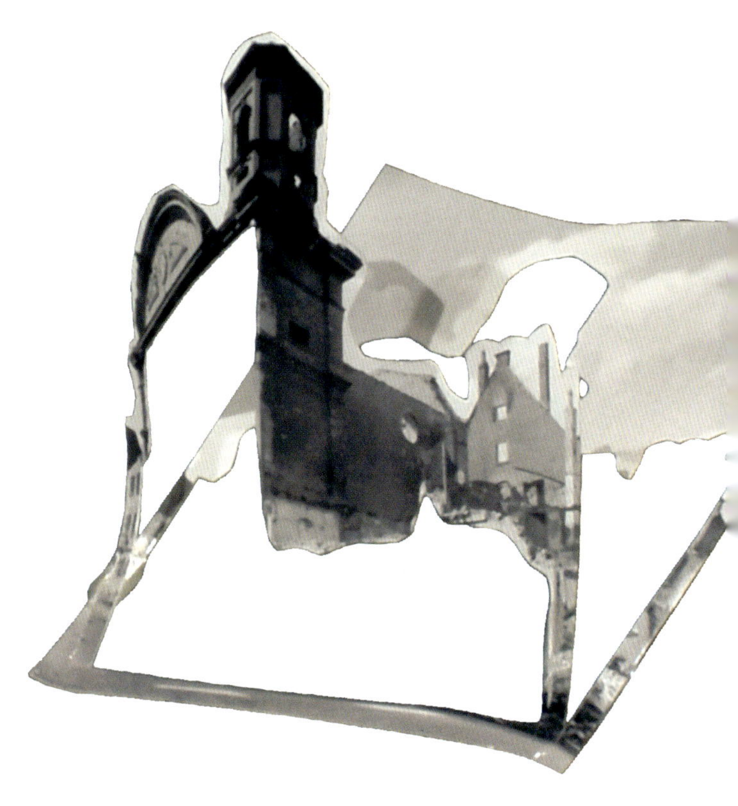

04

Kölner Thron

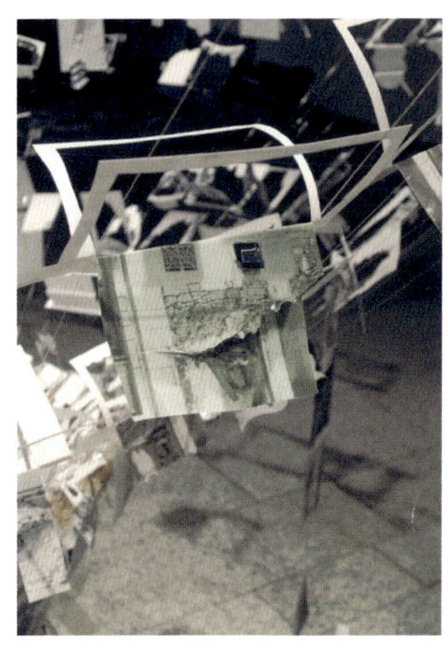

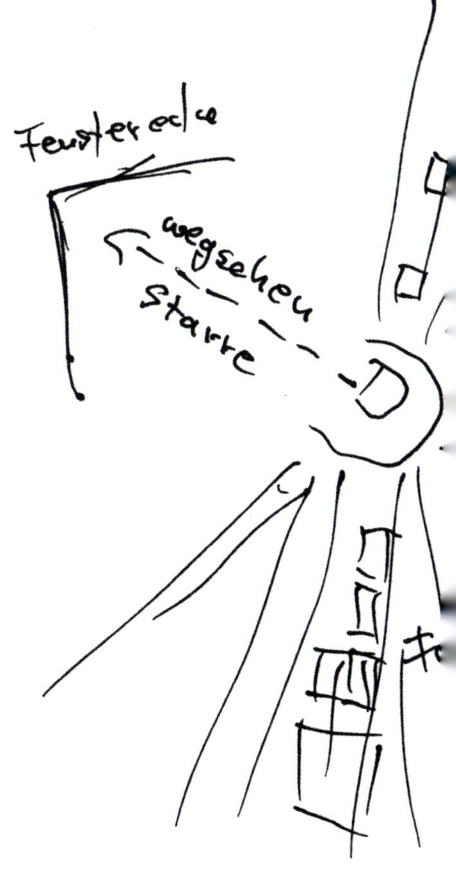

04 _ Kölner Thron, 2005

Installativer Raumkörper **Material** Stuhl, Klebeband, Nylonfäden und 300 Fotoabzüge, 9 x 6 cm bis 20 x 30 cm **Bildquelle** Fotowerkstätte Hugo Schmölz, Köln, heute Privatbesitz, Ansichten des kriegszerstörten Kölns 1949 – 1953 **Maße** 3,5 m hoch, obere Spannweite 5 m **Präsentationsort** Exit Art – Sideshow III, Köln **Ausstellungsdauer** 28. Oktober bis 4. Dezember 2005 **Produktionszeit** während der Ausstellung, 3 Wochen. Die Form des Raumkörpers resultierte aus der Erkenntnis, dass Erinnern ein aktiver, fragender Prozess ist: Aufstehen, Herumgehen, Perspektive wechseln, die Rückseite betrachten. Besucher des Projekts erkannten die Stadt Köln in den Abbildungen der kriegszerstörten Gebäude. Der Raumkörper wurde nach der Ausstellung abgebaut und ist in Fragmenten erhalten. _ Installational spatial body **Material** chair, tape, nylon threads, and 300 photographic prints, 9 x 6 cm to 20 x 30 cm **Picture source** Fotowerkstätte Huge Schmölz, Cologne, now privately owned, views of post-war Cologne, 1949 – 1953 **Size** 3.5 m in height, 5 m in width **Presentation site** Exit Art – Sideshow III, Cologne **Exhibition dates** October 28 to December 4, 2005 **Production period** during the exhibition, 3 weeks. The body's form resulted from the realization that remembering is an active process of questioning, getting up, moving about, changing perspective, looking at the other side. Visitors recognized the city of Cologne in the pictures of the war-ravaged buildings. The spatial body was dismantled after the exhibition and parts of it still exist.

Gesamtansichten, Teilansichten, Details, Skizze **01** Arbeitssituation **02** Detail vom Stuhl _ Overall views, partial views, details, sketch **01** work situation **02** chair, detail

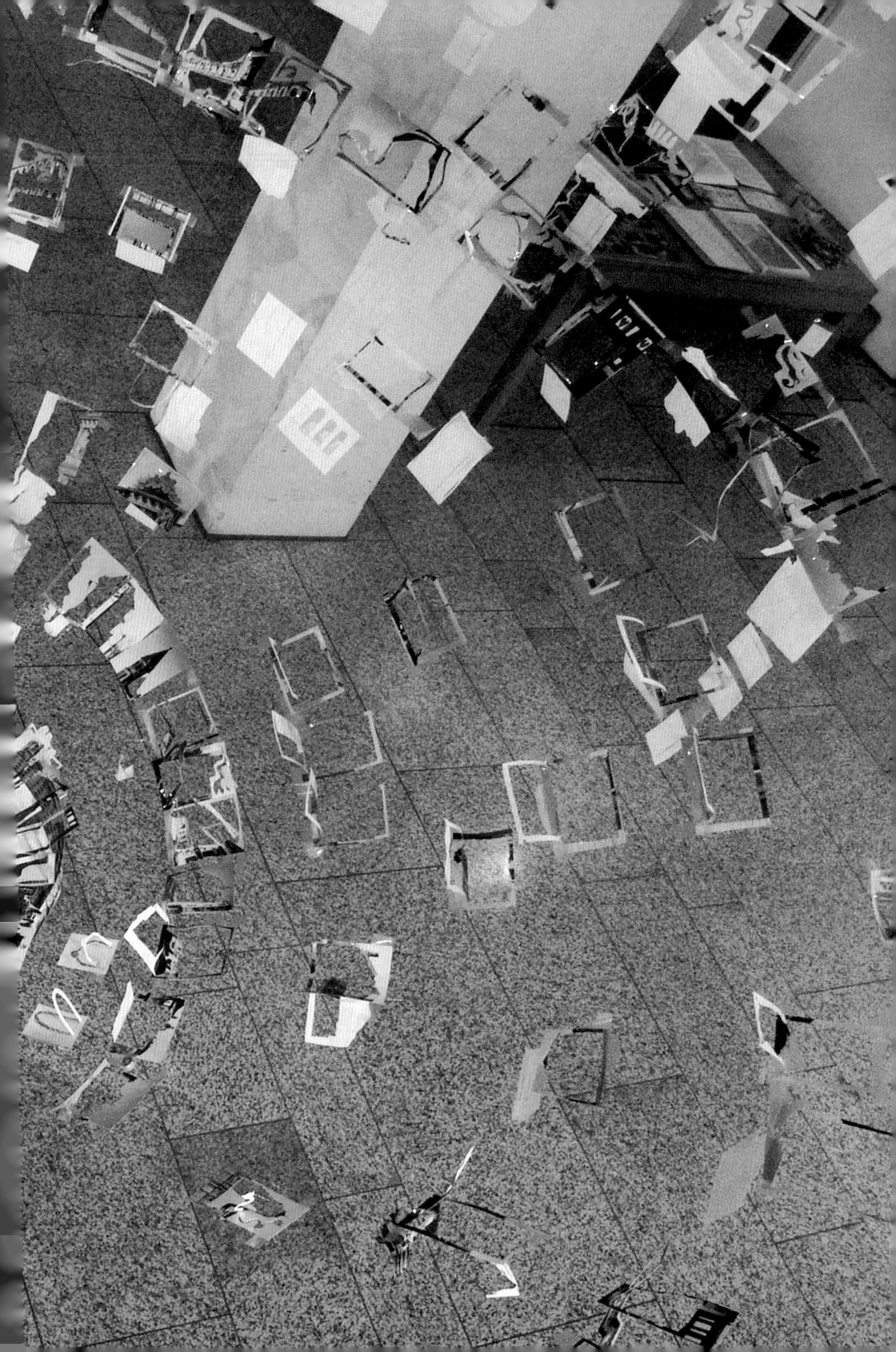

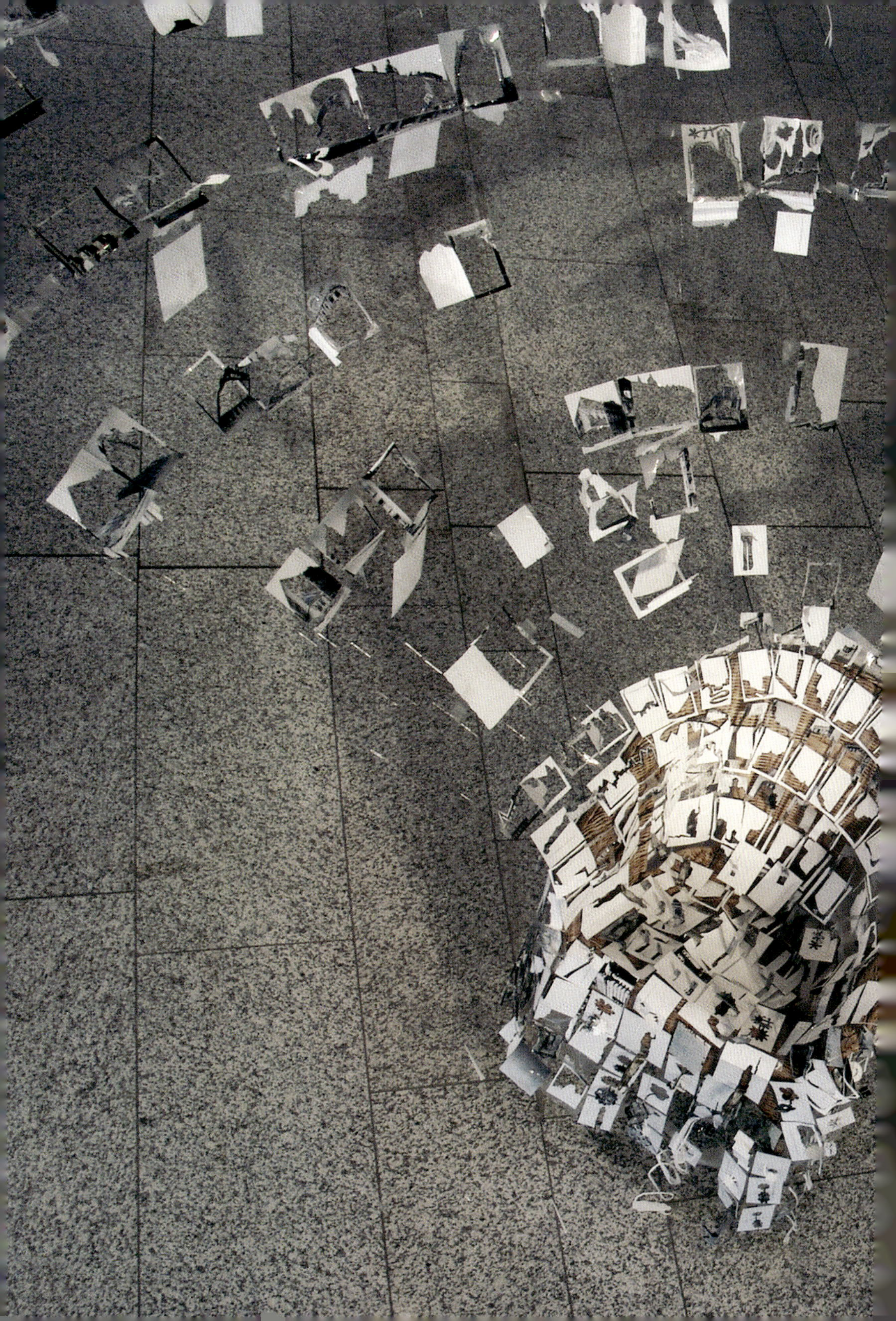

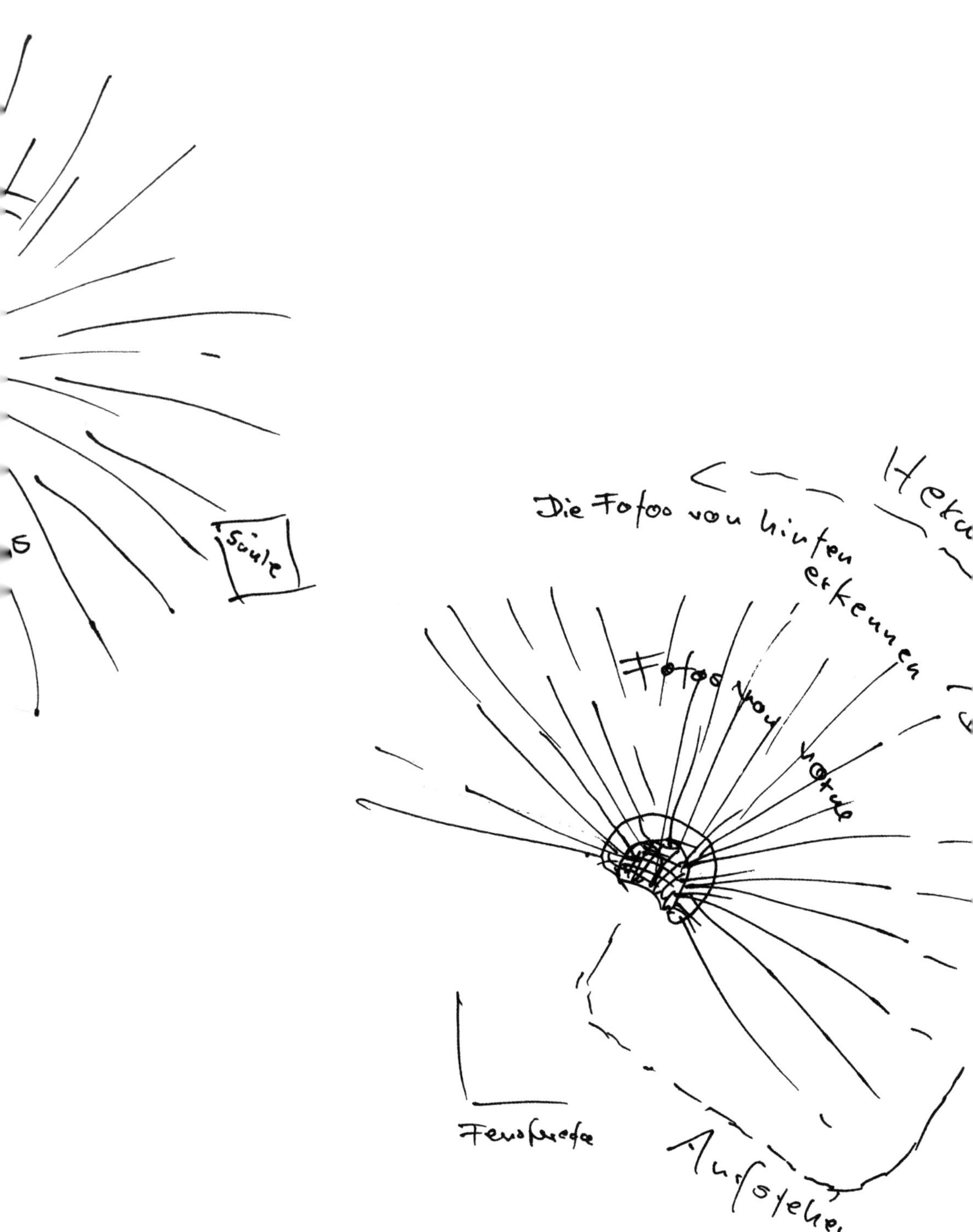

Säule
Die Fotos von hinten erkennen
Hera
Fotos von vorne
Fensterreihe
Aufstehen

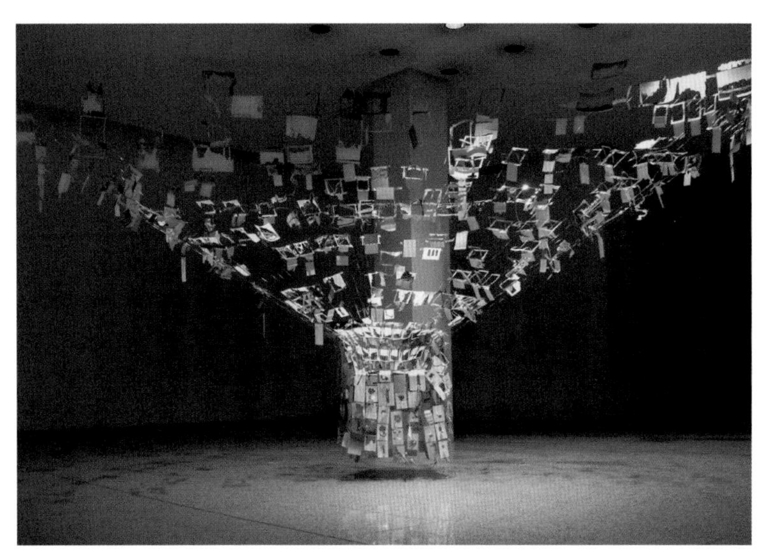

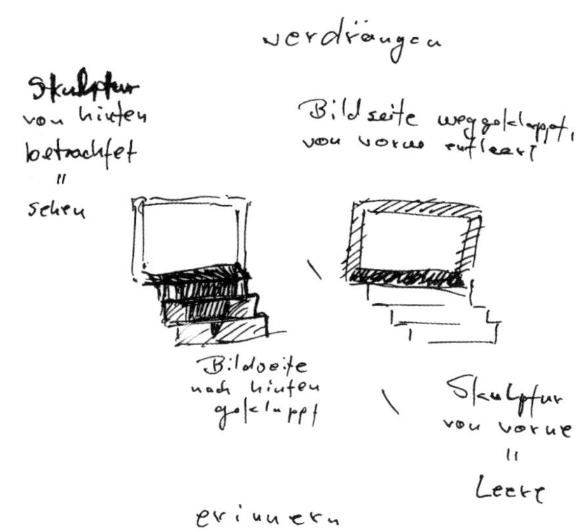

verdrängen

Skulptur
von hinten
betrachtet
=
sehen

Bildseite weggeklappt,
von vorne entleert

Bildseite
nach hinten
geklappt

Skulptur
von vorne
=
Leere

erinnern

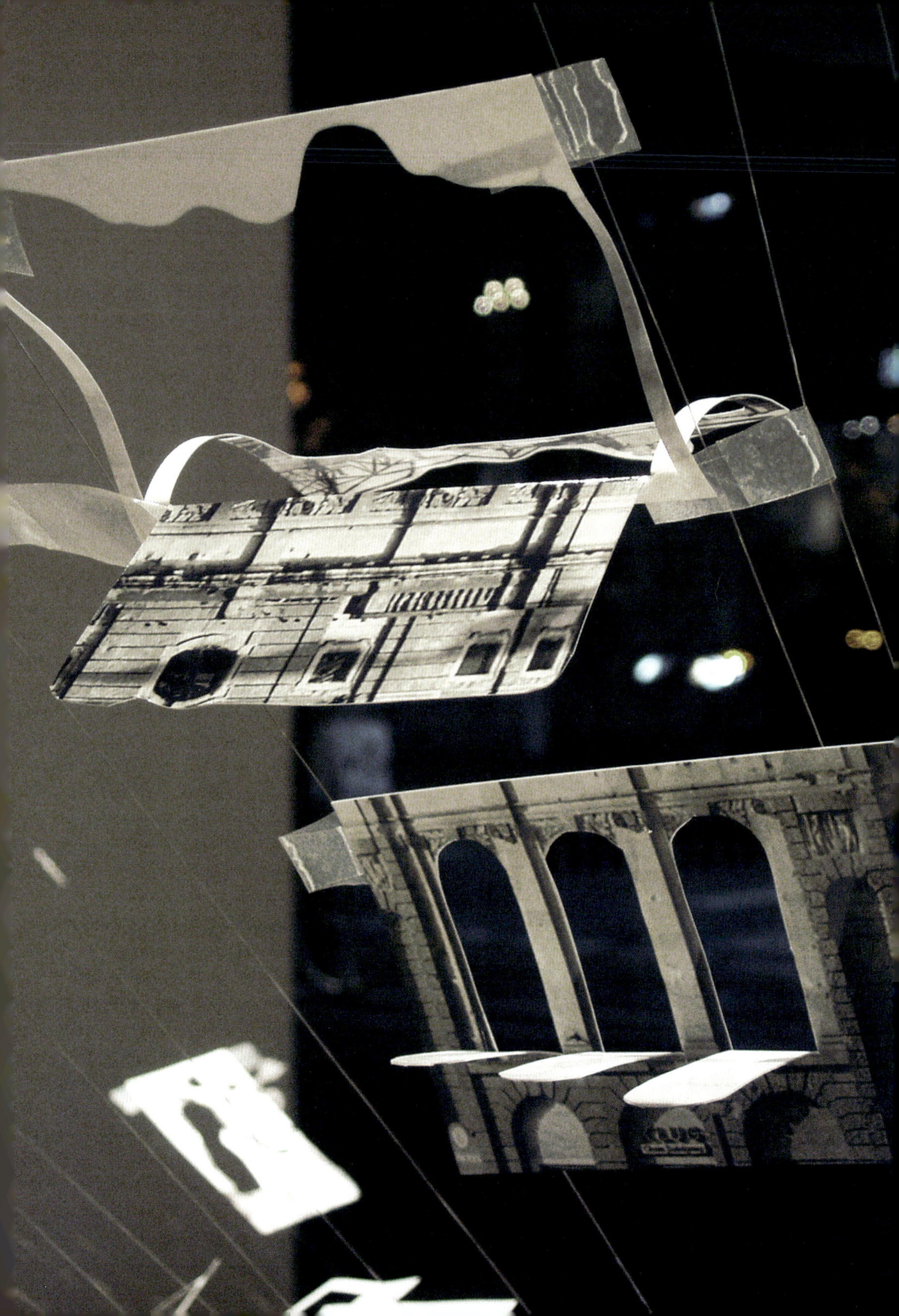

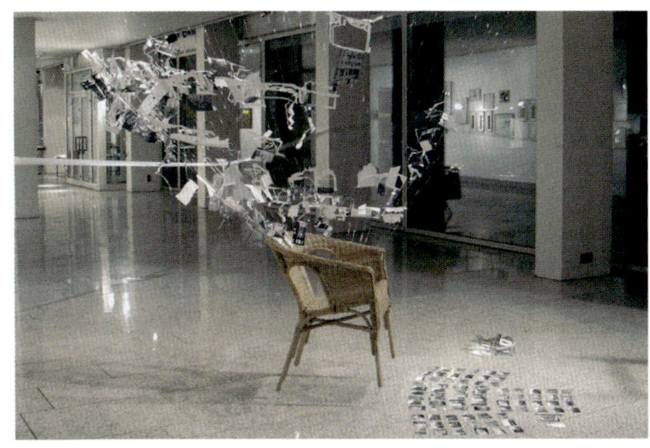

01

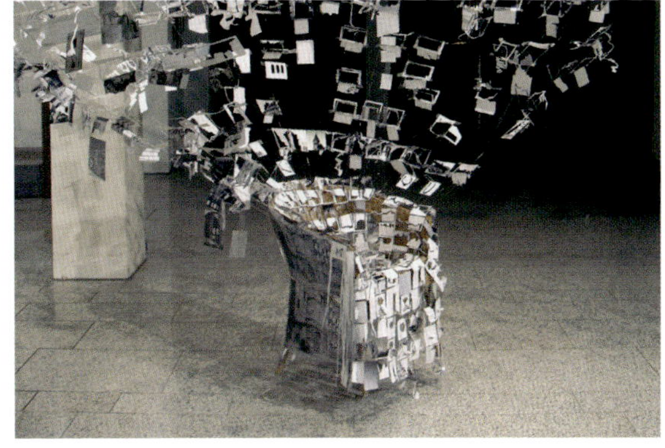

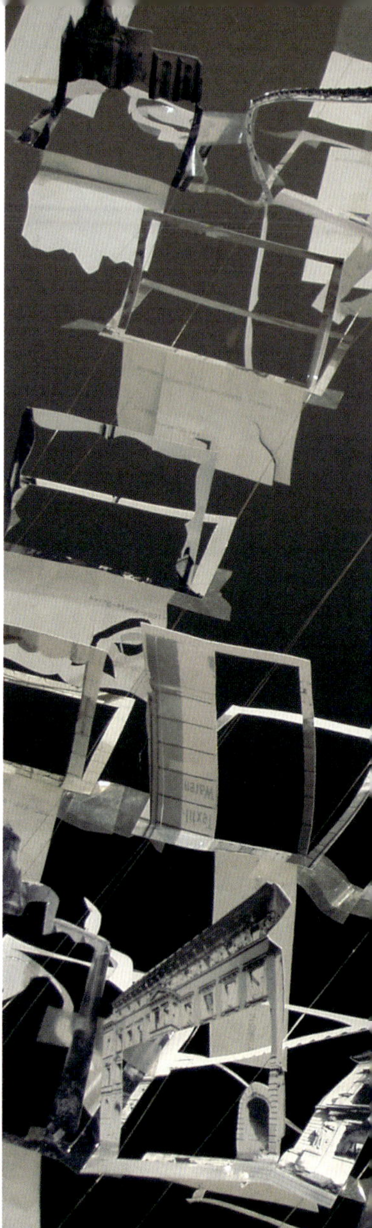

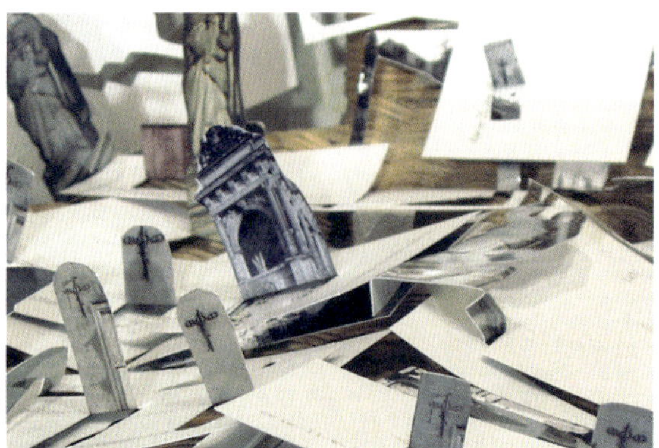

02

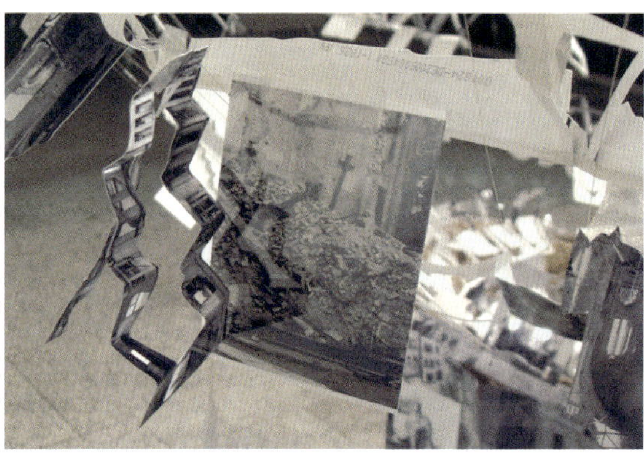

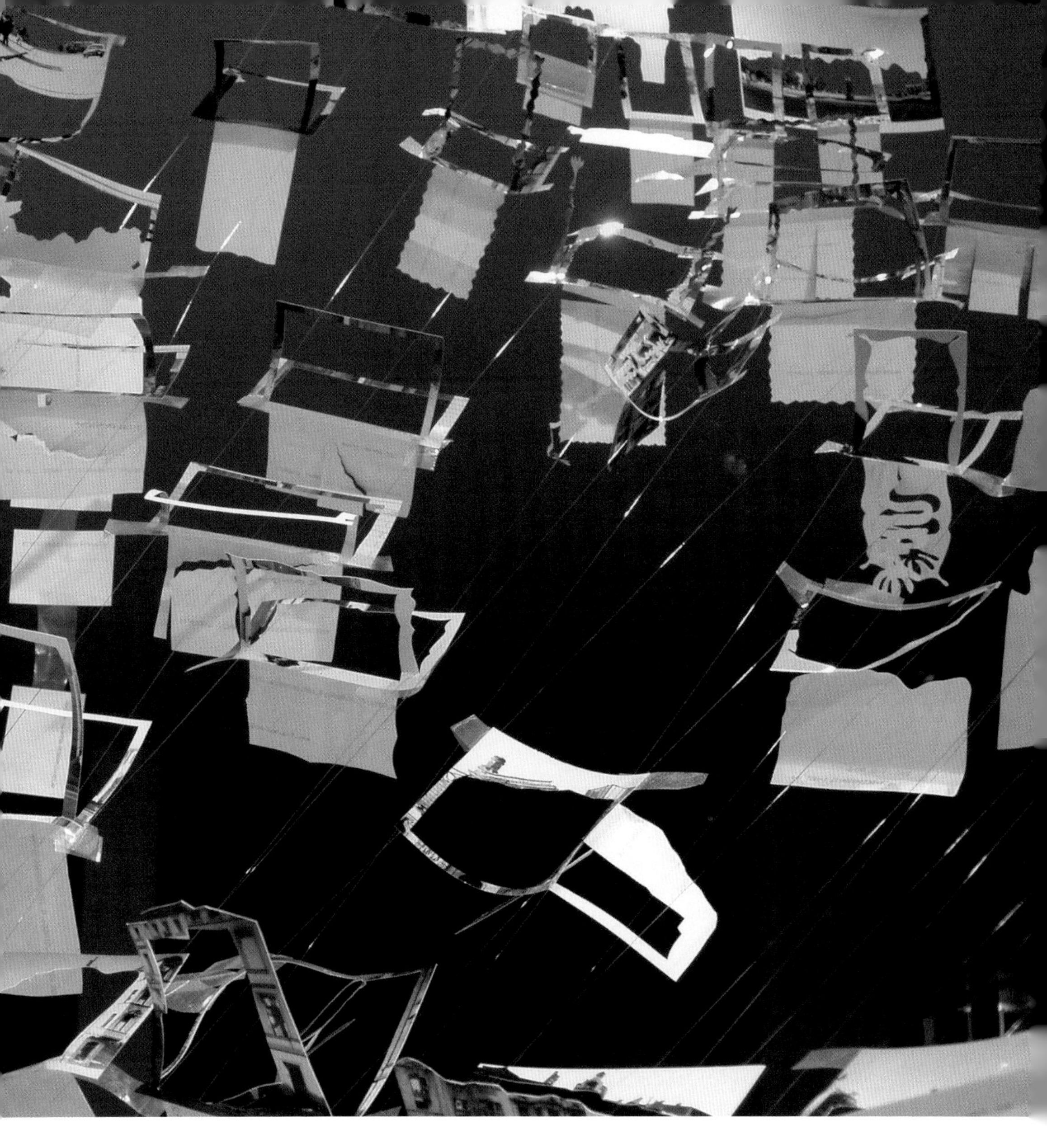

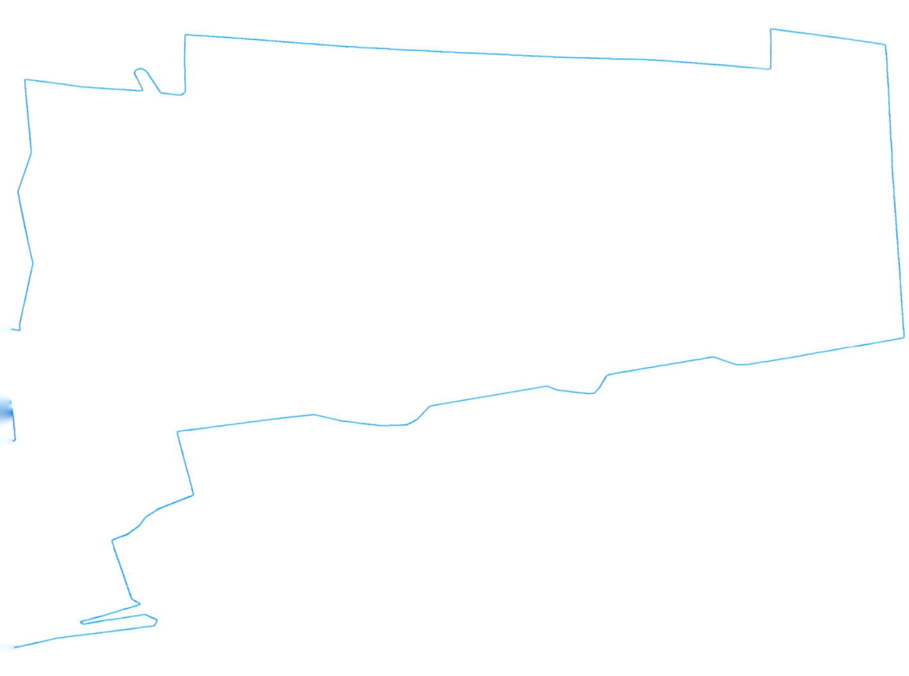

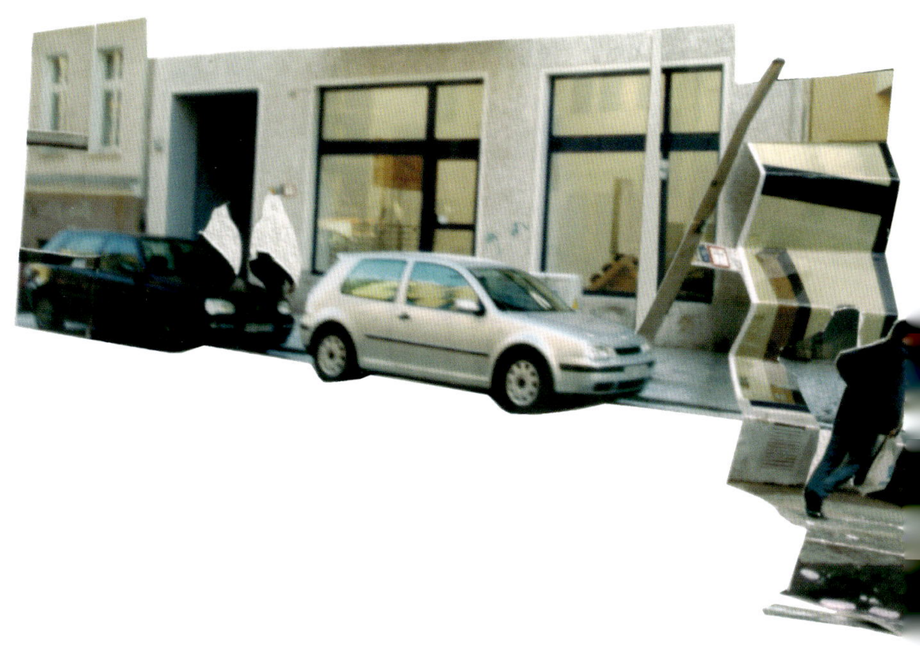

05

Straße

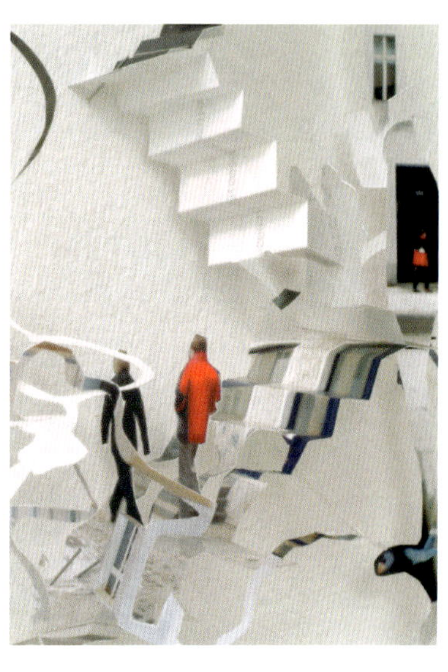

05 _ Straße, 2005

Installativer Raumkörper **Material** Klebeband, Arbeitstisch, Arbeitsgeräte und 800 Fotoabzüge, 13 x 18 cm **Bildquelle** eigenerzeugte Fotosammlung für das Projekt, 300 Aufnahmen der Galerie von außen mit jeweils Passanten davor **Maße** 8 m lang,
1 m breit **Präsentationsort** Galerie Schwarzer Gegenwartskunst, Berlin **Ausstellungsdauer** 12. März bis 9. April 2005
Produktionszeit während der Ausstellung, 3 Wochen. Anwohner entdeckten sich auf Fotos in der Arbeit. Der Raumkörper
wurde nach der Ausstellung abgebaut und ist in Teilen erhalten. _ Installational spatial body **Material** tape, working table,
working devices and 800 photographic prints, 13 x 18 cm **Picture source** my own photographs taken for the project, 300
shots of the gallery from the outside, with passersby **Size** 8 m in length, 1 m in width **Presentation site** Galerie Schwarzer
Gegenwartskunst, Berlin **Exhibition dates** March 12 to April 9, 2005 **Production period** during the exhibition, 3 weeks.
Residents discovered photographs of themselves in the work. The spatial body was dismantled after the exhibition, and
parts of it still exist.

Gesamtansichten, Teilansichten, Details, Skizze **01** Arbeitssituation _ Overall views, partial views, details, sketch **01** work situation

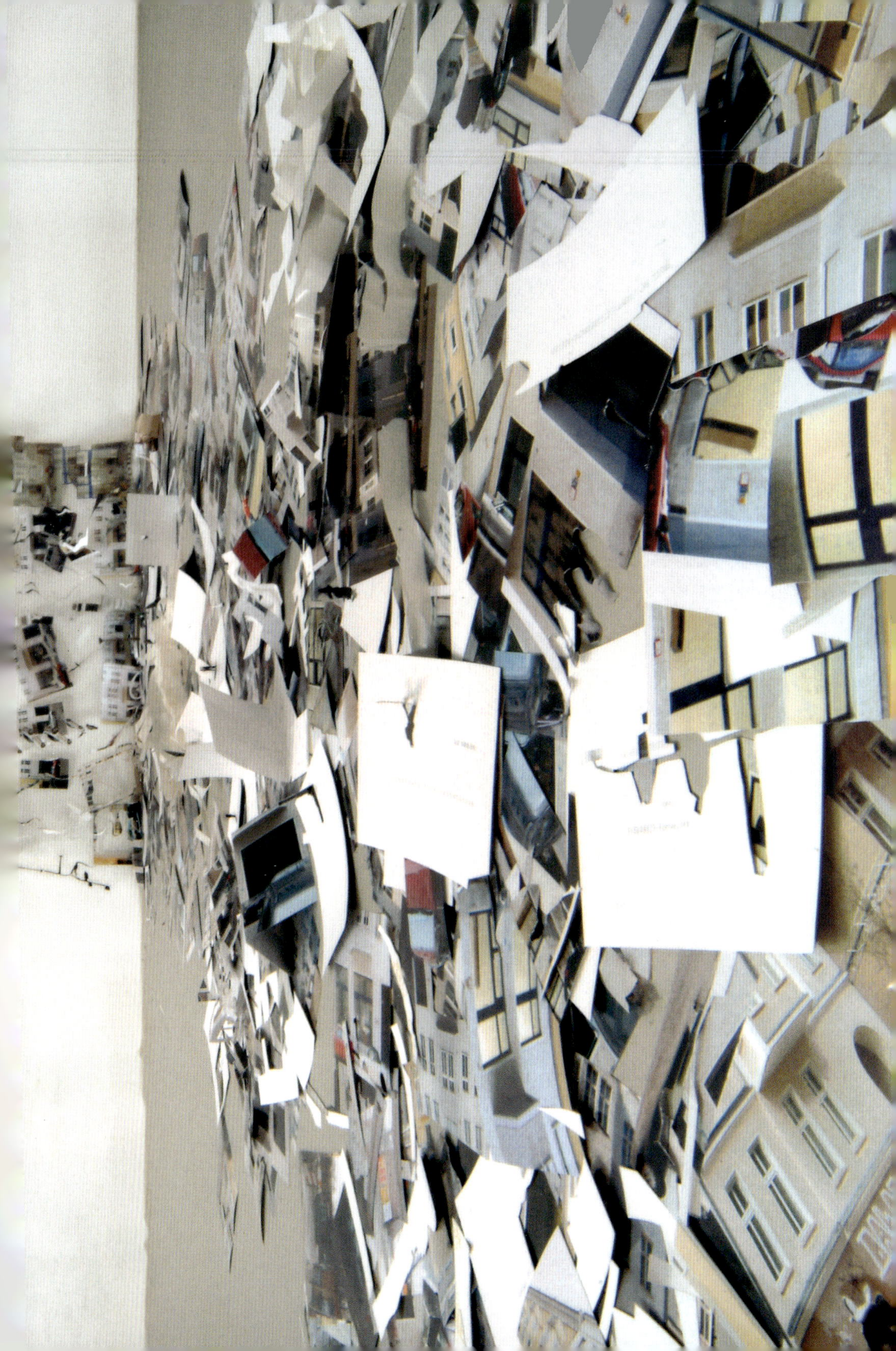

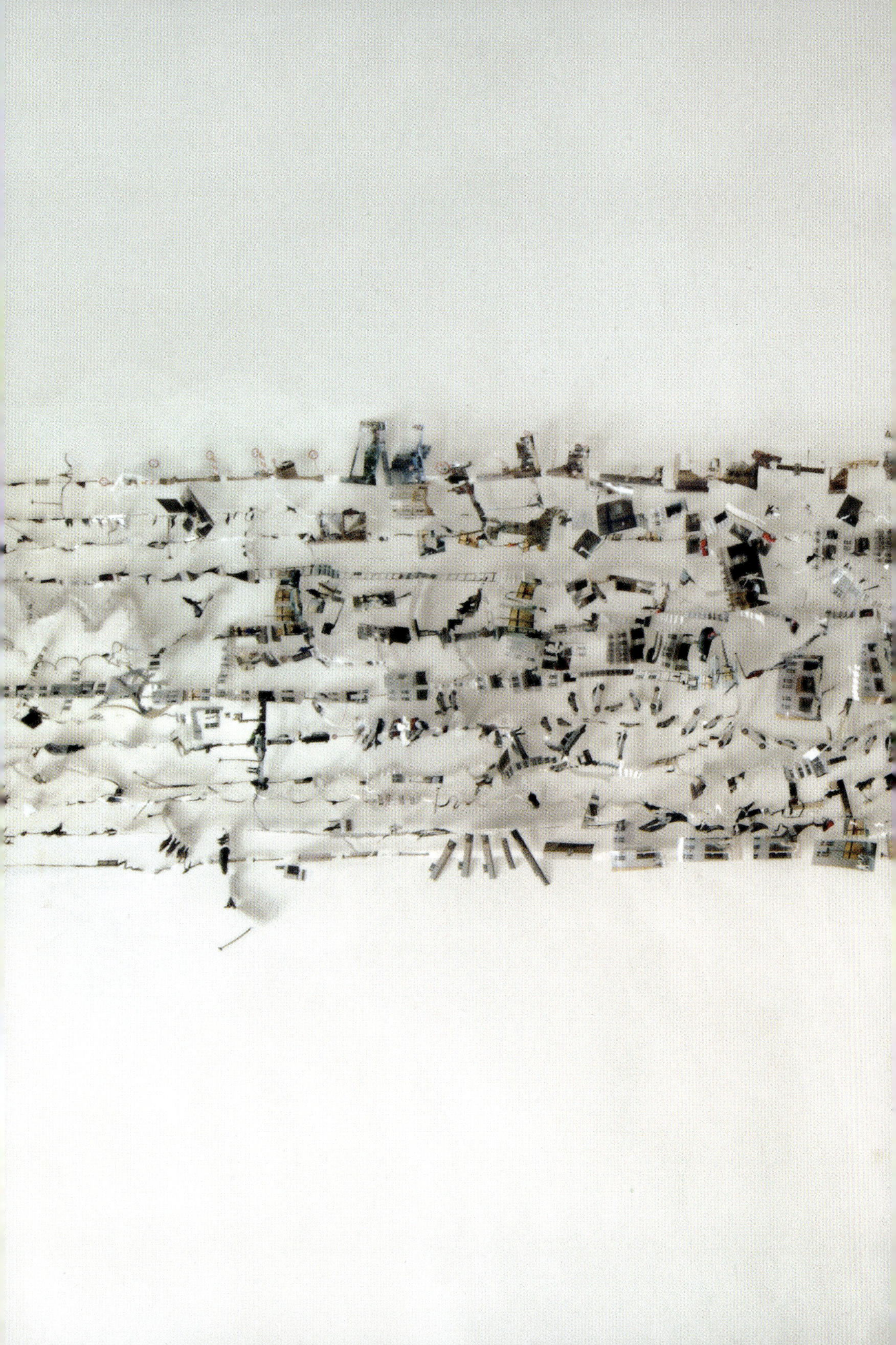

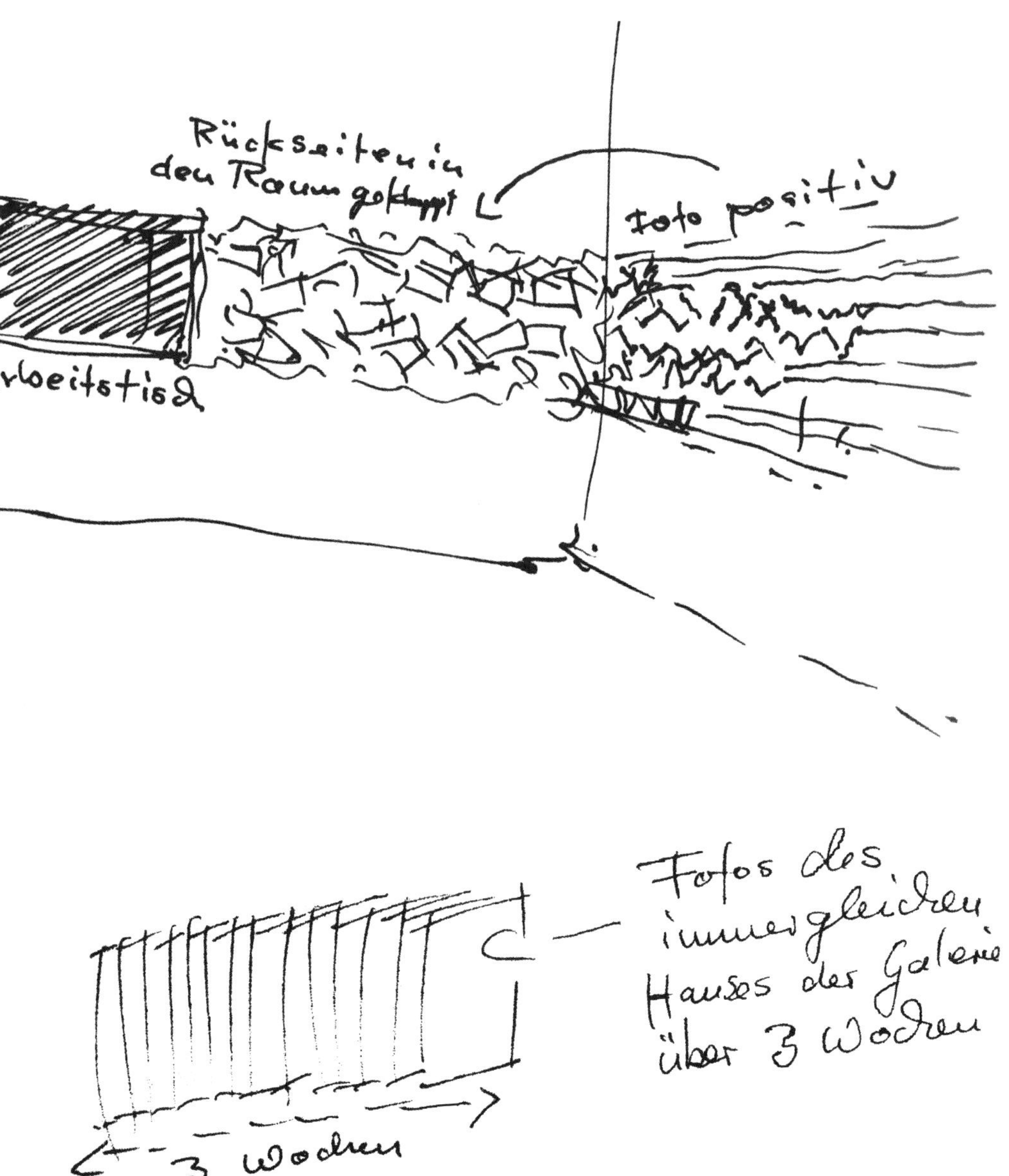

Rückseiten in
den Raum gekippt
Foto positiv
Arbeitstisch
Fotos des
immergleichen
Hauses der Galerie
über 3 Wochen
3 Wochen

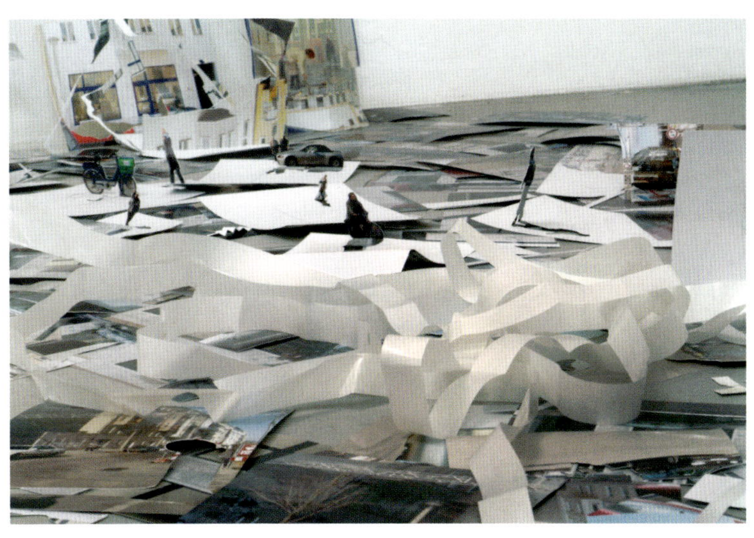

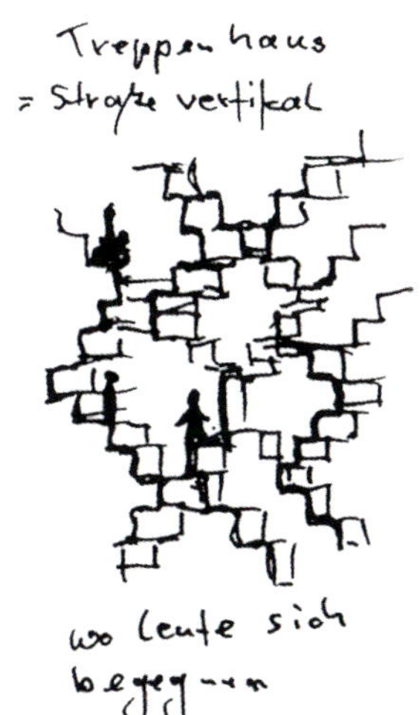

Treppenhaus
= Straße vertikal
wo leute sich
begegnen

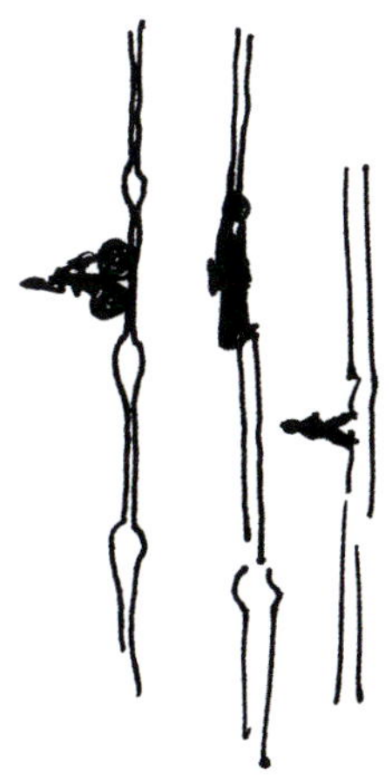

abseilen
= Straße
vertikal

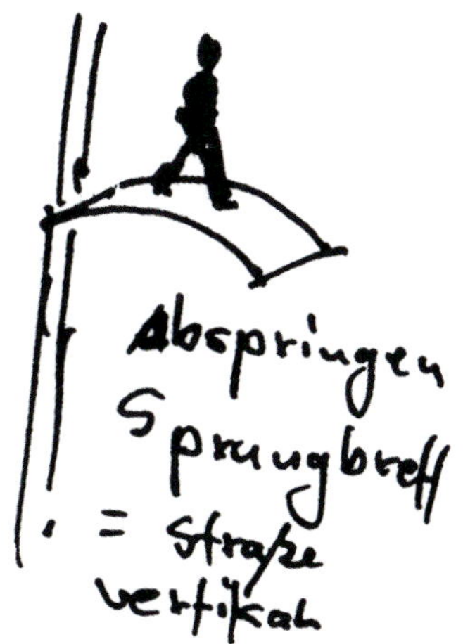

Abspringen
Sprungbrett
= Straße
vertikal

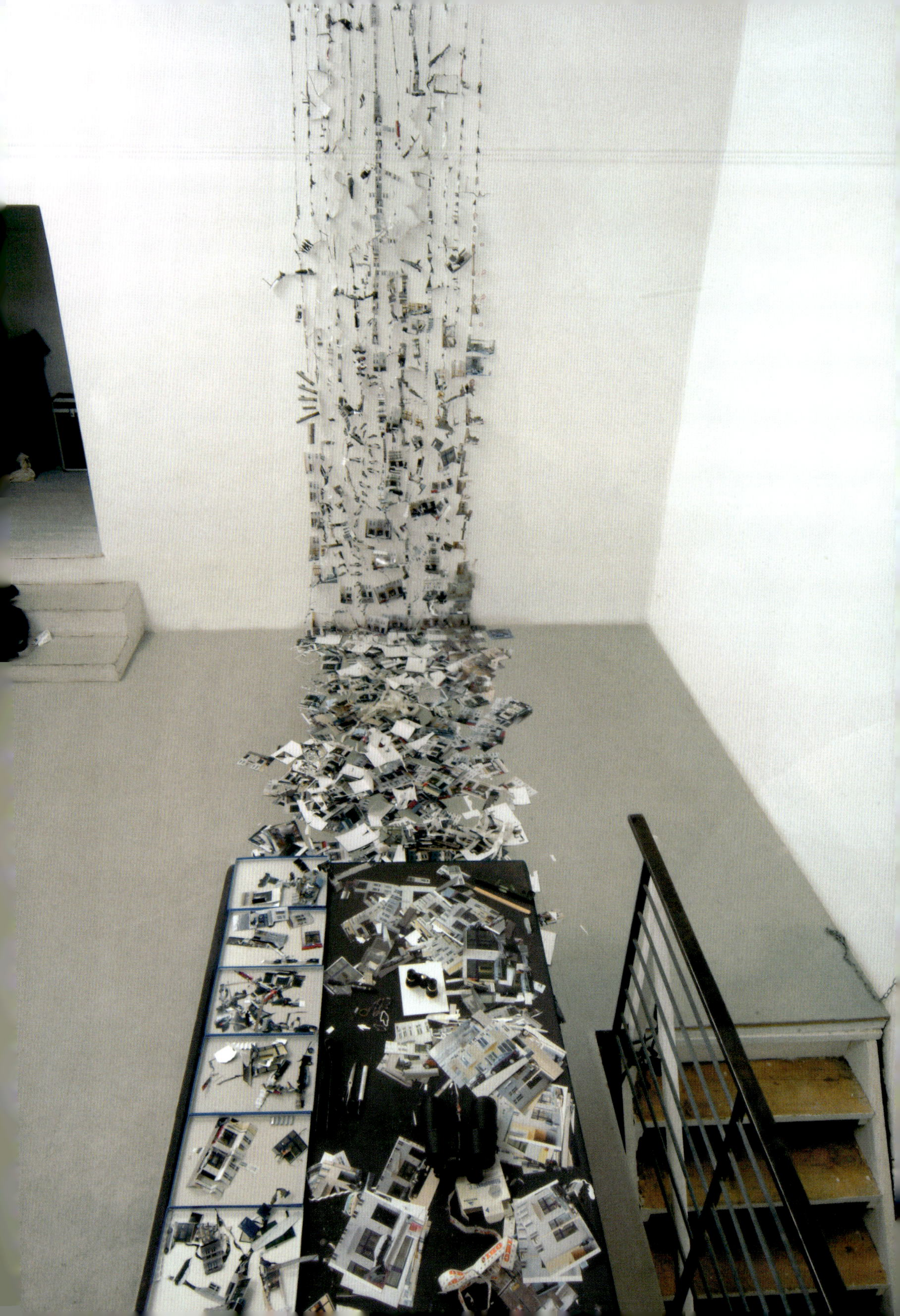

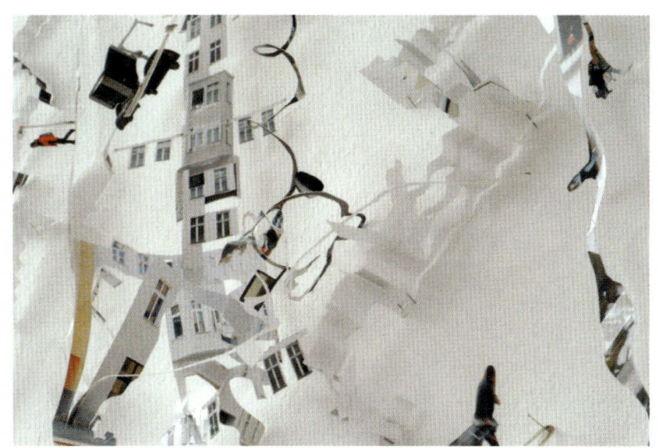

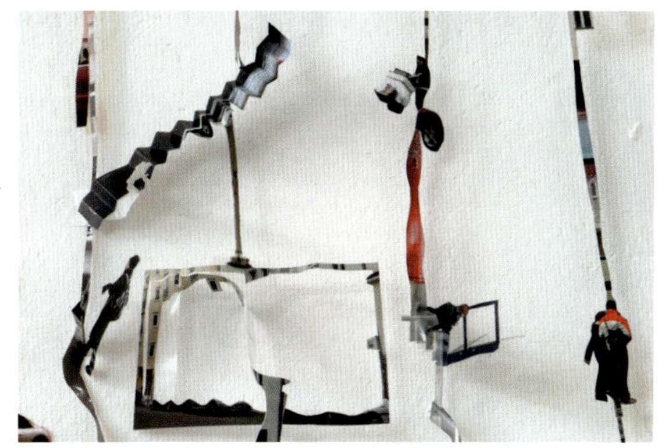

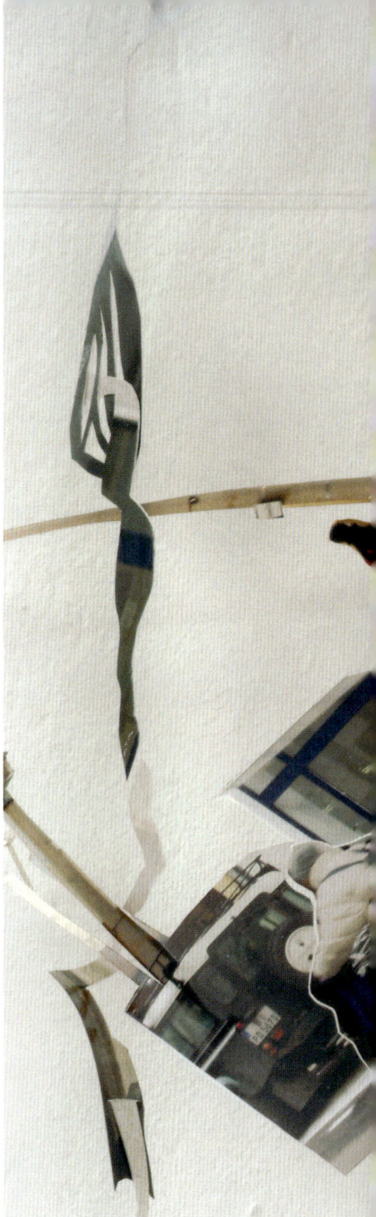

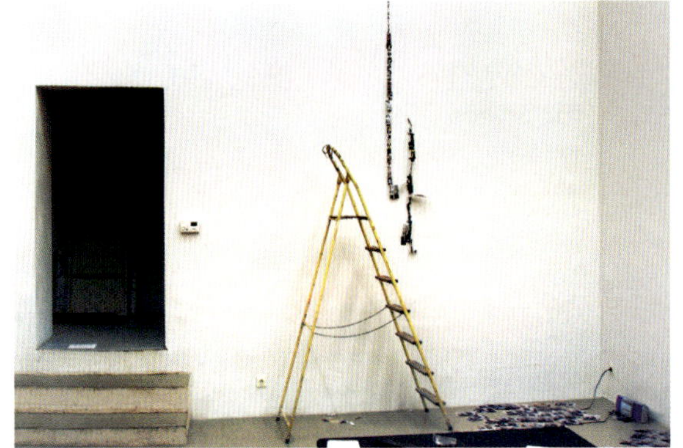

01

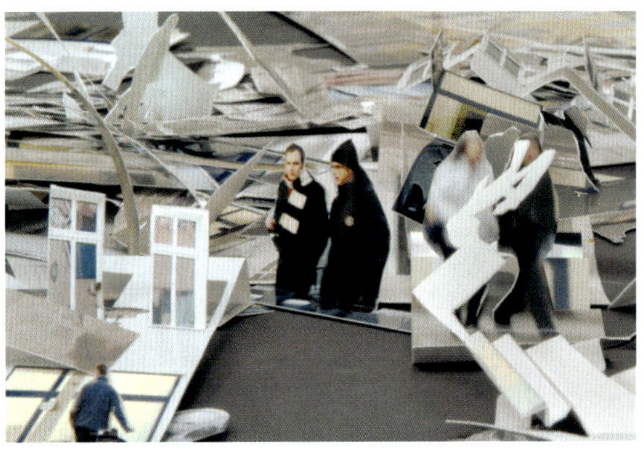

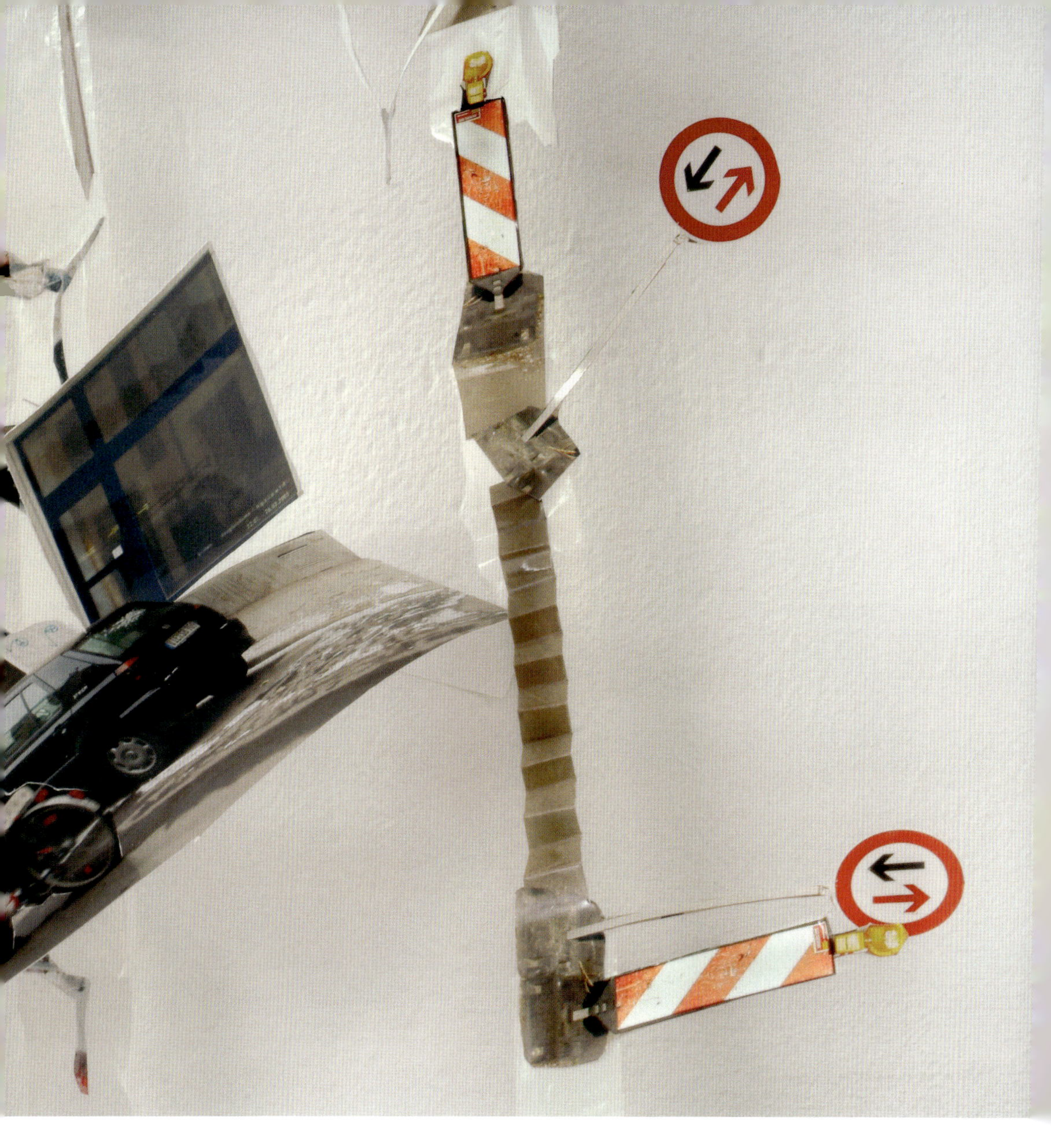

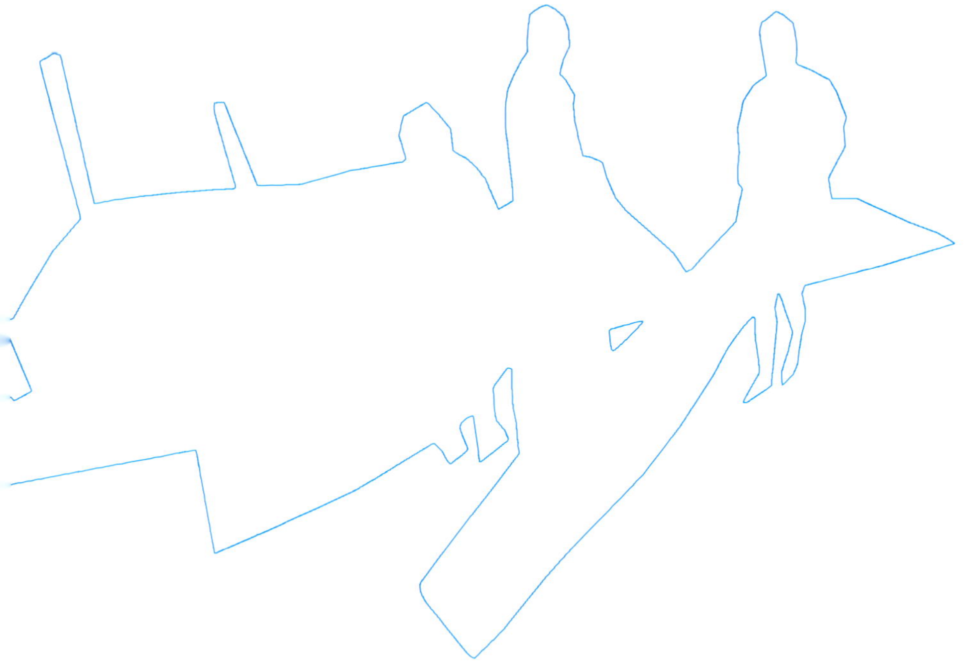

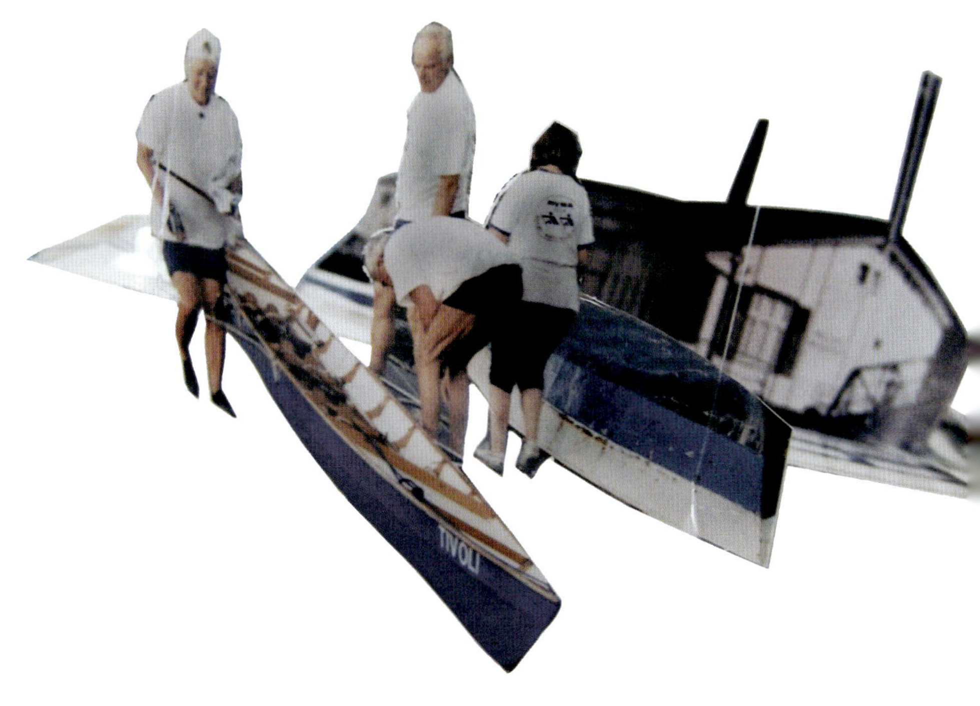

06
Zentrale

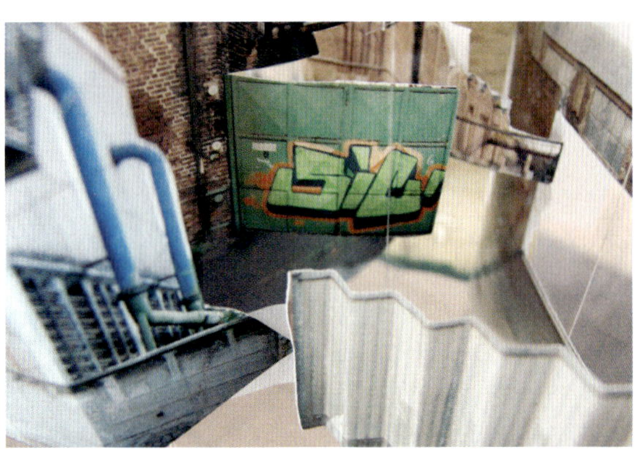

BIG

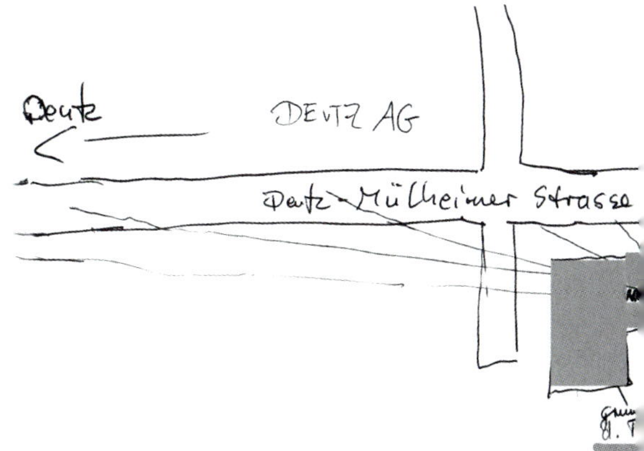

06 _ Zentrale, 2004

Installativer Raumkörper **Material** Klebeband, Nylon und 300 Fotoabzüge, 13 x 18 cm bis 20 x 30 cm **Bildquelle** eigenerzeugte Fotosammlung für das Projekt, Aufnahmen der Deutz-Mülheimer Straße, einer Industriestraße im rechtsrheinischen Teil der Stadt Köln. Außenaufnahmen sowie Aufnahmen von Innenräumen, historische Archive der dort ansässigen Unternehmen wurden integriert **Maße** 10,5 m lang **Präsentationsort** Kunstverein Köln rrh. e.V. **Ausstellungsdauer** 24. September bis 6. November 2004 **Produktionszeit** während der Ausstellung, 5 Wochen. Fotografien wurden zerlegt und an 200 Nylonfäden zu einem 10,5 m langen Raumkörper verknüpft. Er wurde nach der Ausstellung abgebaut und ist in Teilen erhalten. _ Installational spatial body **Material** tape, nylon and 300 photo-graphic prints, 13 x 18 cm to 20 x 30 cm **Picture source** my own photographs taken for the project, shots of the Deutz-Mülheimer Straße, an industrial street on the Rhine's east bank in Cologne, exterior and interior photographs and the companies' historical archives were integrated **Size** 10.5 m in length **Presentation site** Kunstverein Köln rrh. e.V. **Exhibition dates** September 24 to November 6, 2004 **Production period** during the exhibition, 5 weeks. Photographs were dissected and hung on 200 nylon threads to form a body 10.5 m in length. It was dismantled after the exhibition, and parts of it still exist.

Gesamtansichten, Teilansichten, Details, Skizze **01** Arbeitssituation _ Overall views, partial views, details, sketch **01** work situation

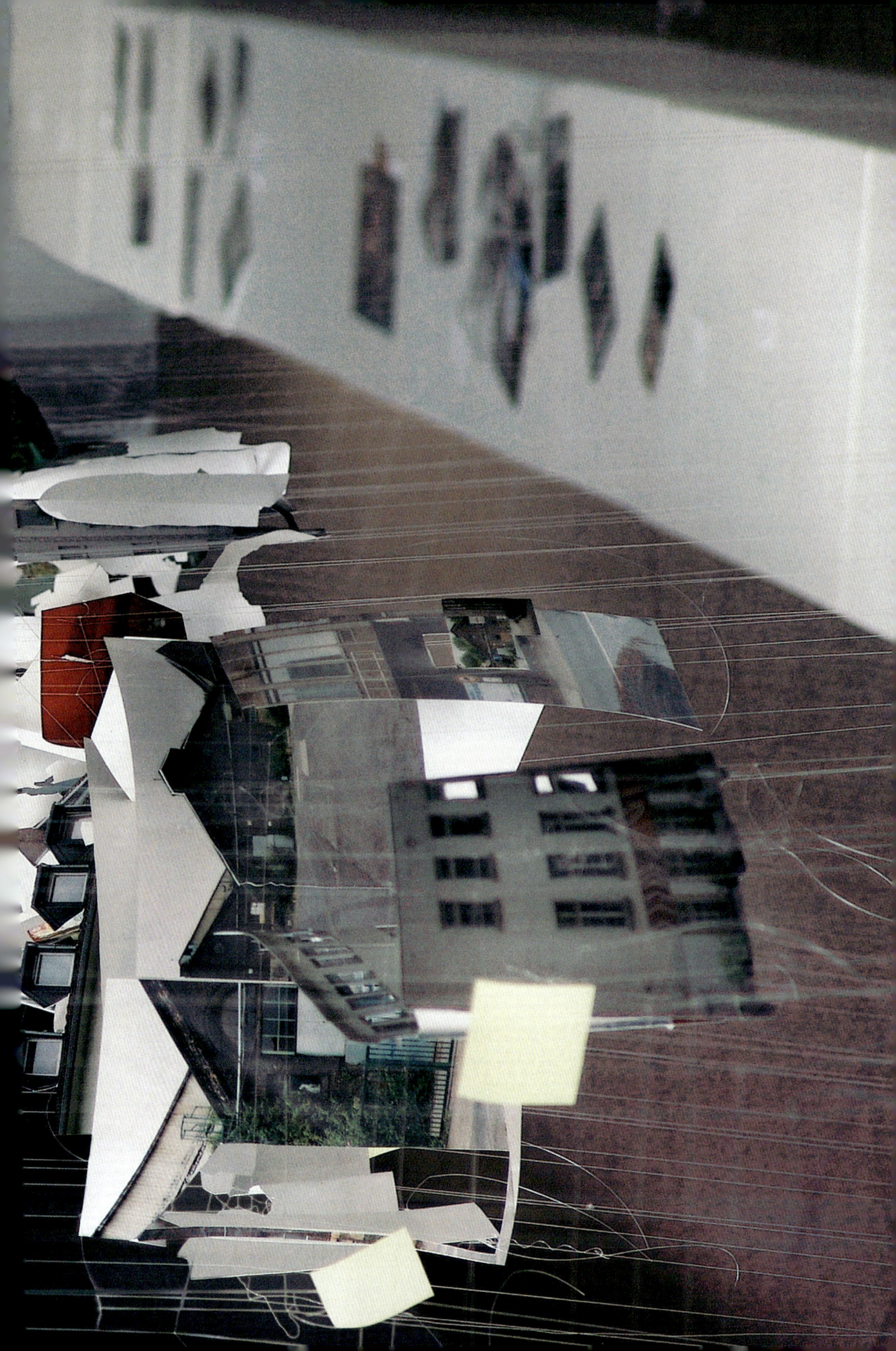

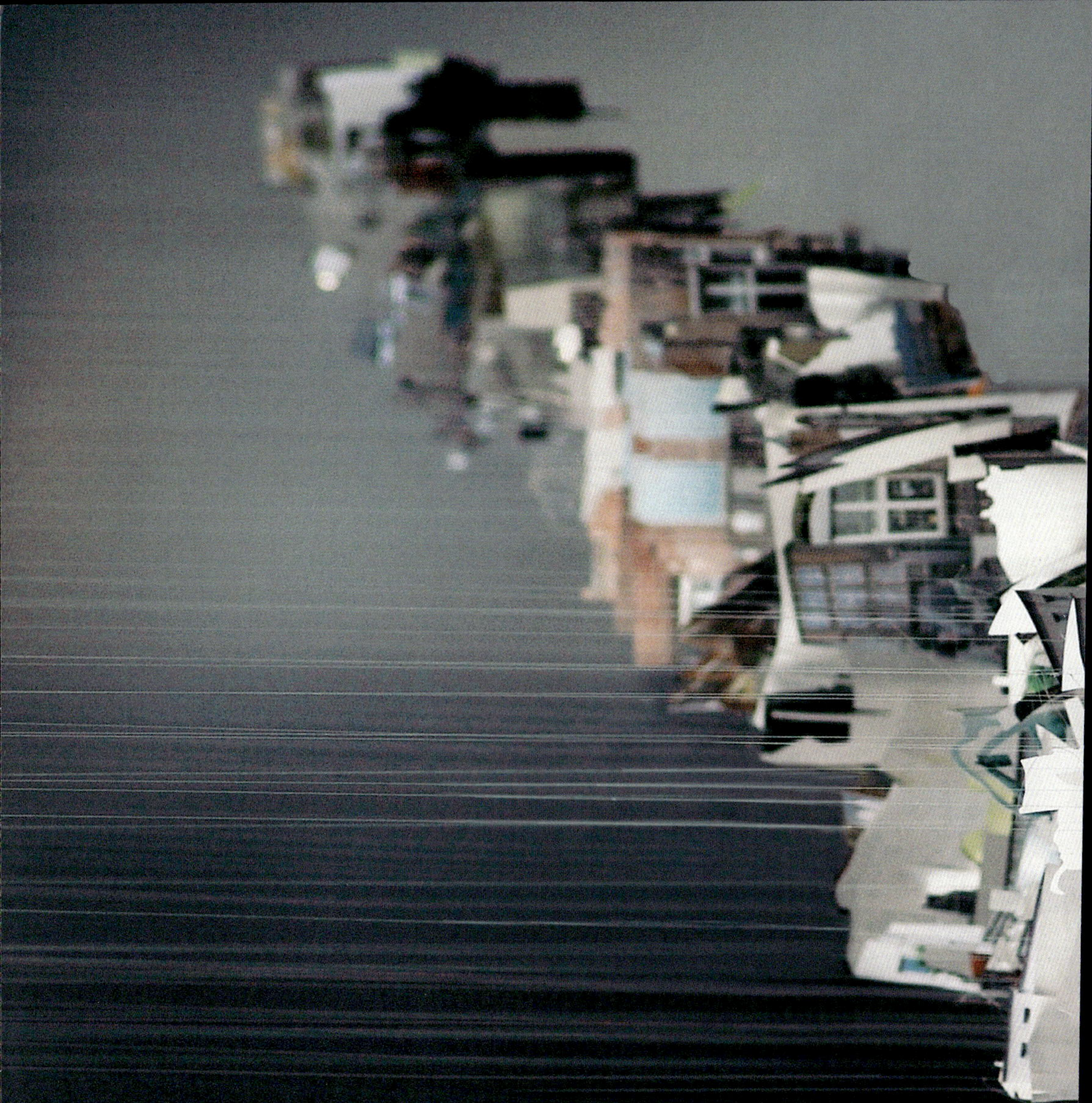

Alles was da ist in der Straße wir[d]
Gegenstände des Raumes bilden die
vorhanden:

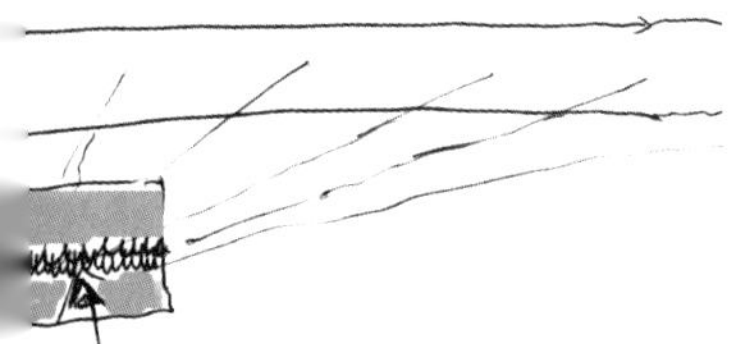

Penox GmbH
Lindgens AG   Mülheim
                   →

Skulptur

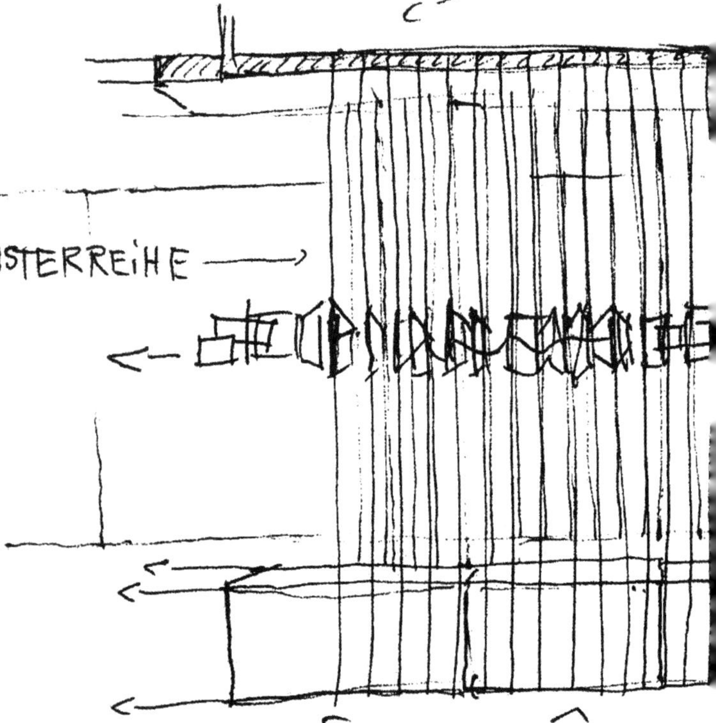

FENSTERREIHE →

Fäden haben
den Charakter
von Treibriemen
Industriegeschichte

vorhanden:

Ansicht

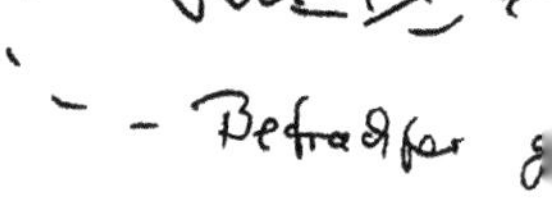

Betrachter

gebündelt → Zentrale
Pauste
Lampenkonstruktion

← Fensterreihe

eingehängte
Fotofragmente
die verknüpft sind!

Bildarchiv
Ansichten Innen + Auße
altes + aktuelles
ist wie eine Straße,
wie die Deutz-Mülheimer St.

e Sockel

oben

Ansicht
rechte Straßenseite
linke Straßenseite

herum

wie ein Modell der Straße

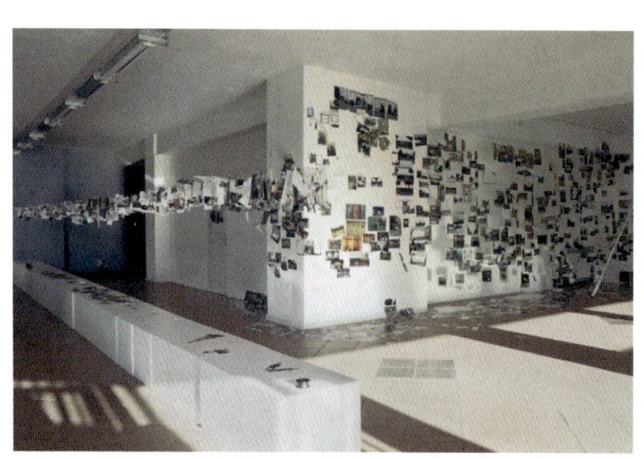

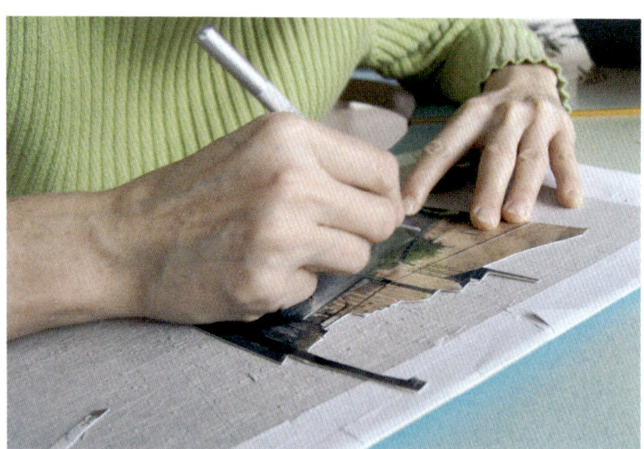

01

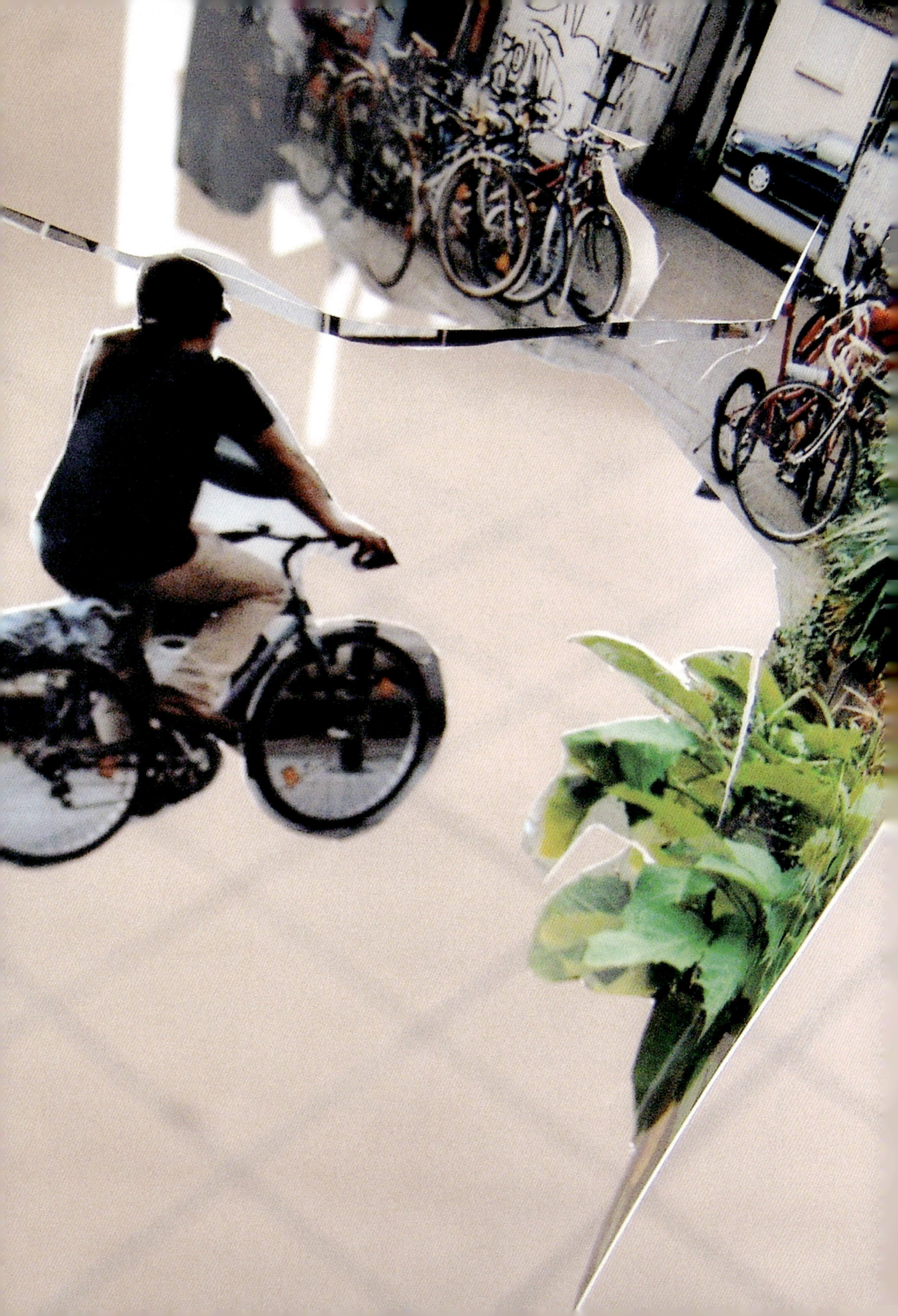

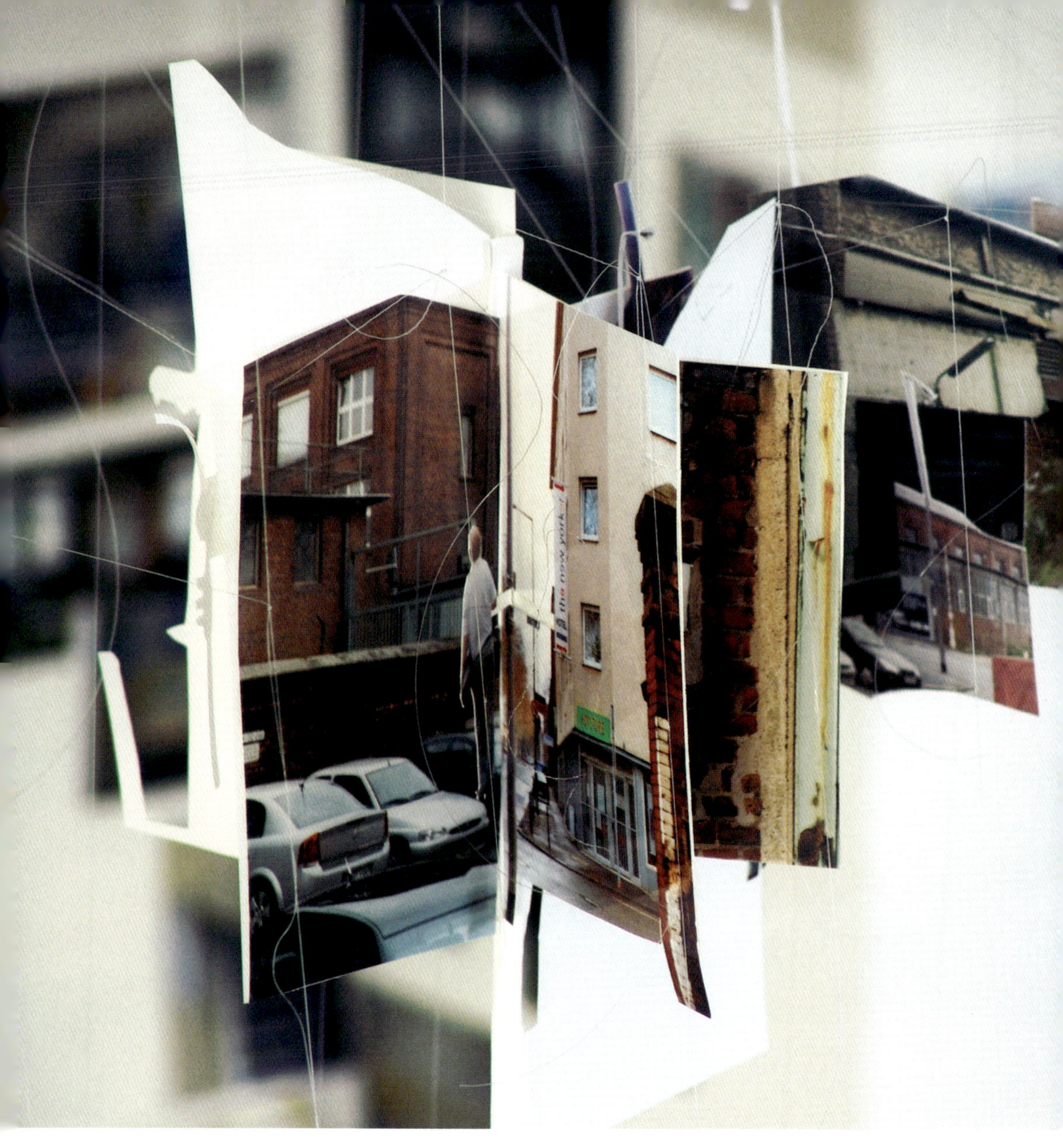

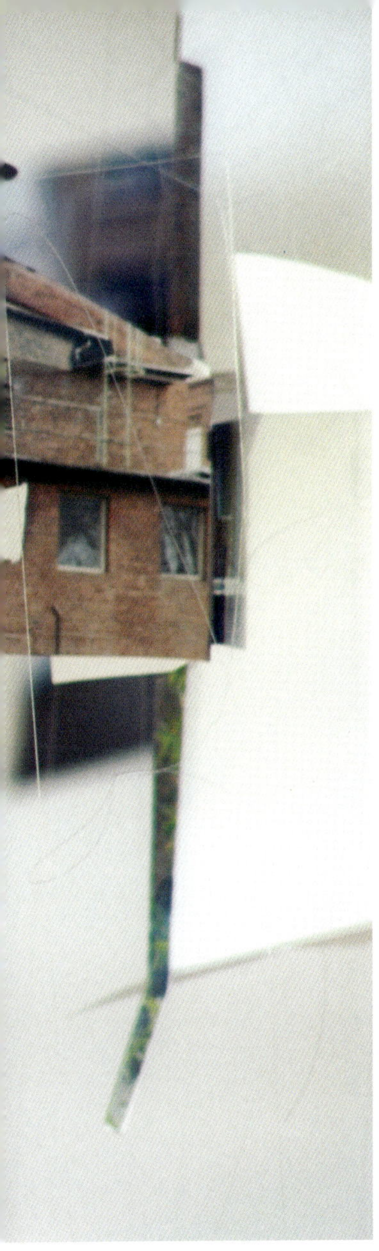

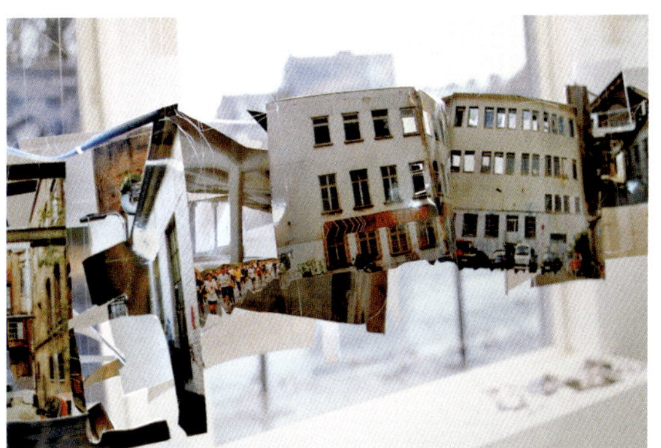

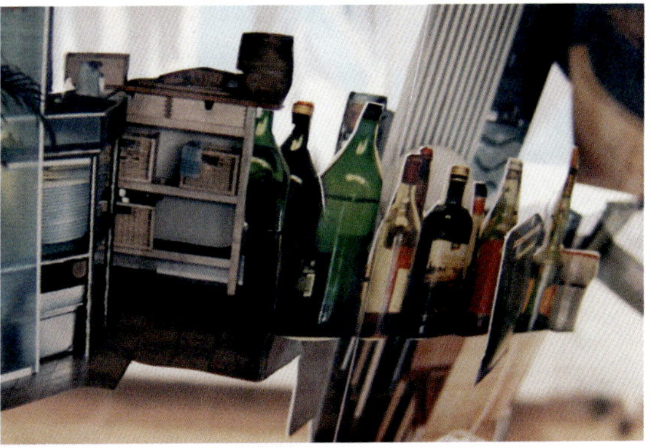

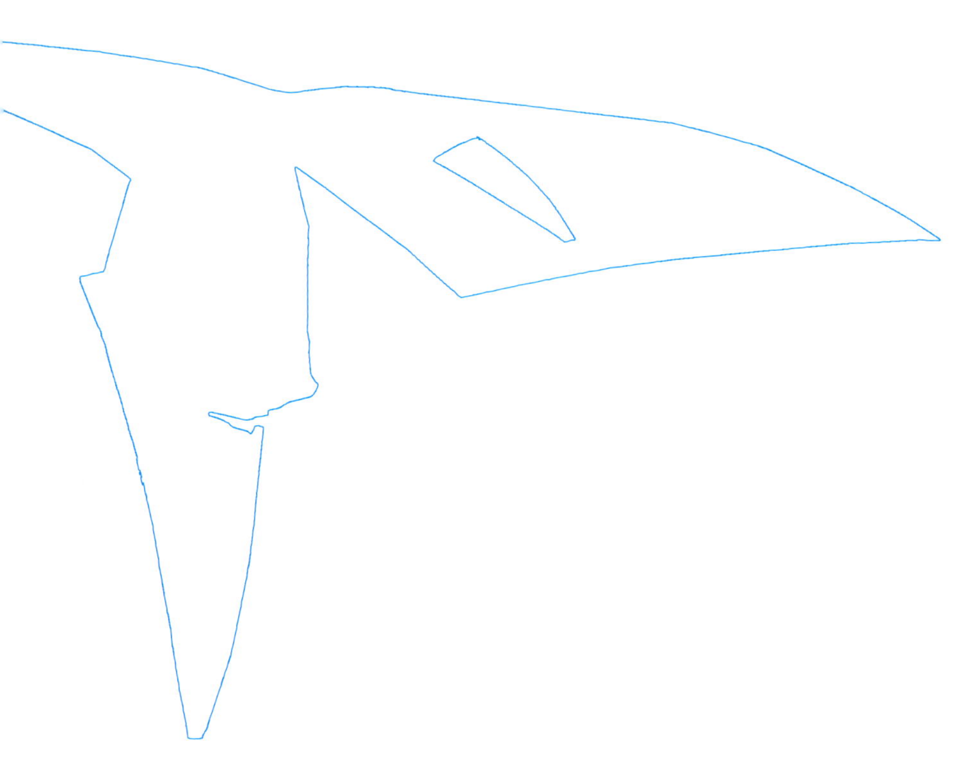

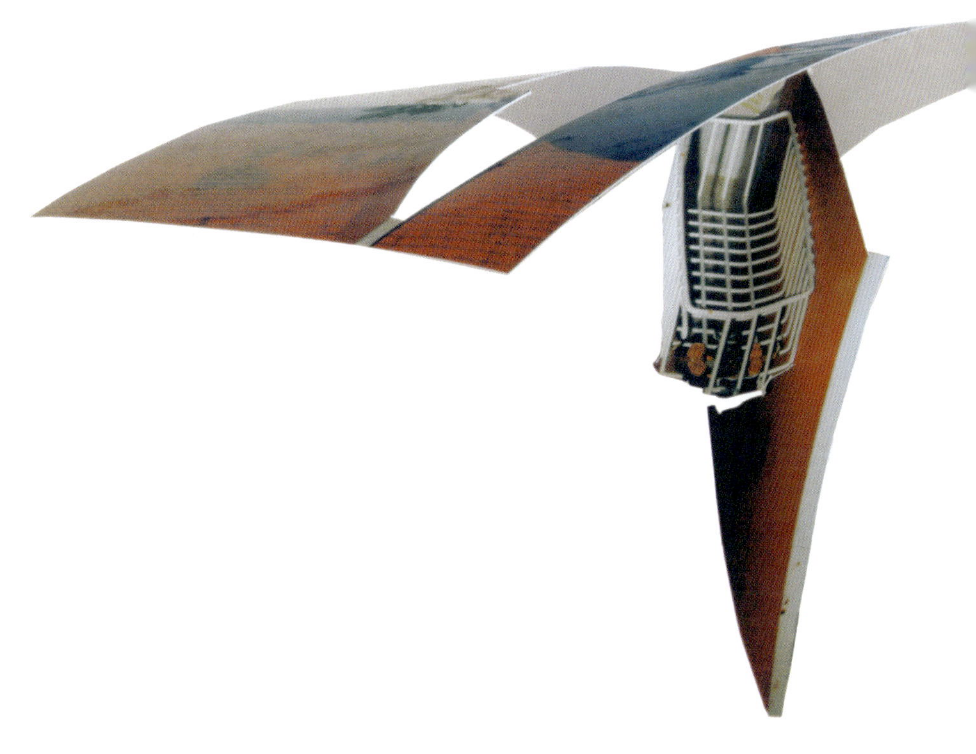

Individuelle Zwischenstände

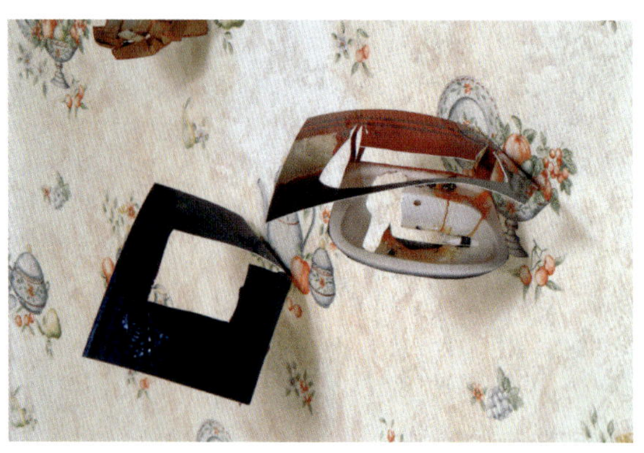

07_ Individuelle Zwischenstände, 2004

Installation mit Fotoschnittobjekten **Material** Fotoabzüge, 13 x 18 cm **Bildquelle** eigenerzeugte Fotosammlung, Ansichten von vorgefundenen räumlichen Situationen eines unbewohnten Hauses mit den zurückgelassenen Wohnutensilien der ehemaligen Bewohner **Maße** variabel **Präsentationsort** Joachimstraße 7, Berlin **Ausstellungsdauer** Dezember 2004 **Produktionszeit** vor der Ausstellung, 3 Wochen. Die Fotoschnittobjekte wurden in der Küche des Hauses in Berlin-Mitte installiert, kurz vor der Sanierung durch den neuen Besitzer. _ Installation with cut-out objects **Material** photographic prints, 13 x 18 cm **Picture source** my own photographs taken for the project, views of a found spatial situation in a vacant building with the remaining utensils left behind by former residents **Size** variable **Presentation site** Joachimstraße 7, Berlin **Exhibition dates** December 2004 **Production period** before the exhibition, 3 weeks. The cut-out objects were installed in the building's kitchen in Berlin-Mitte, just before the new owner renovated it.

Gesamtansichten, Teilansichten, Details, Skizze _ Overall views, partial views, details, sketch

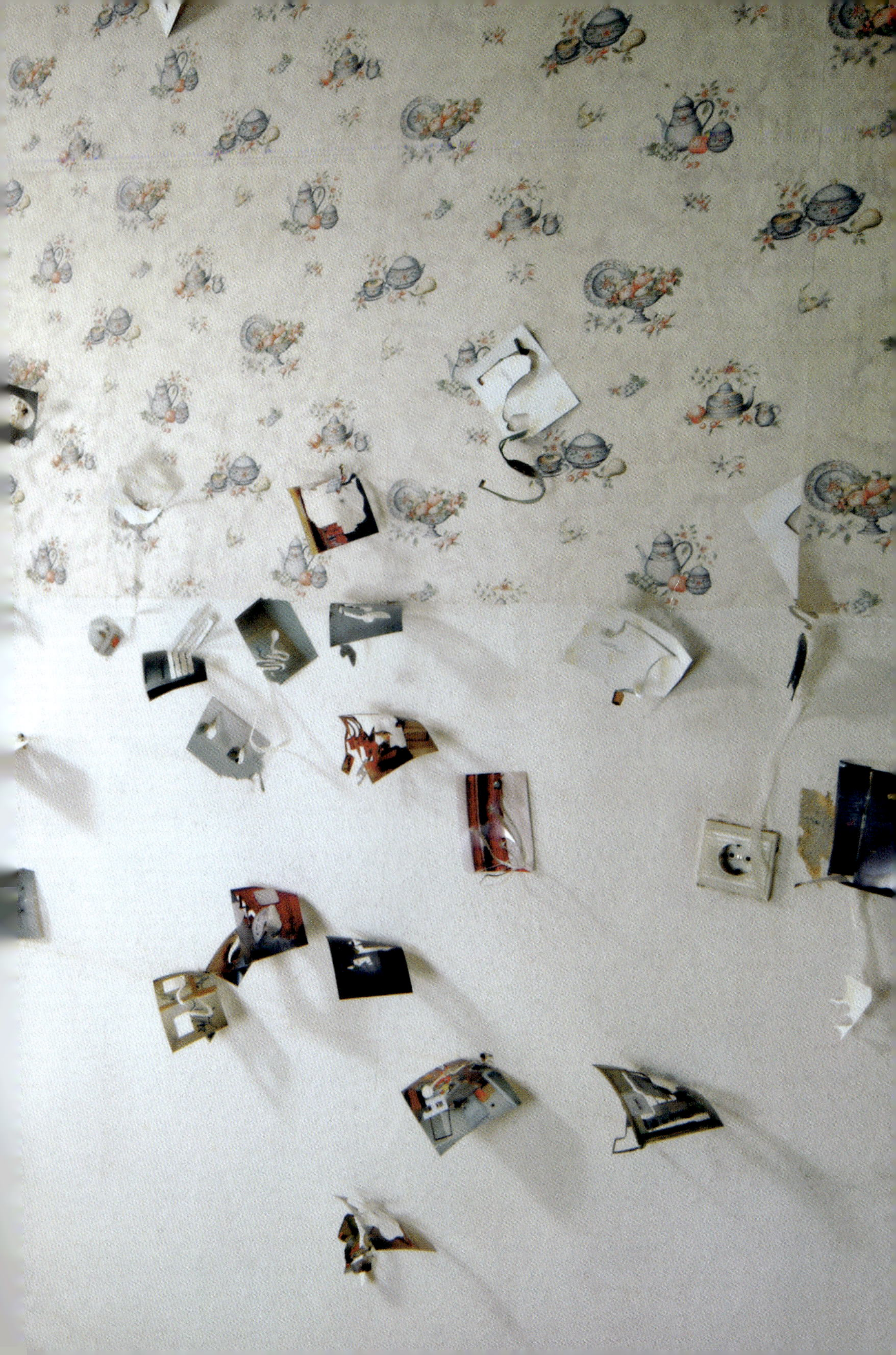

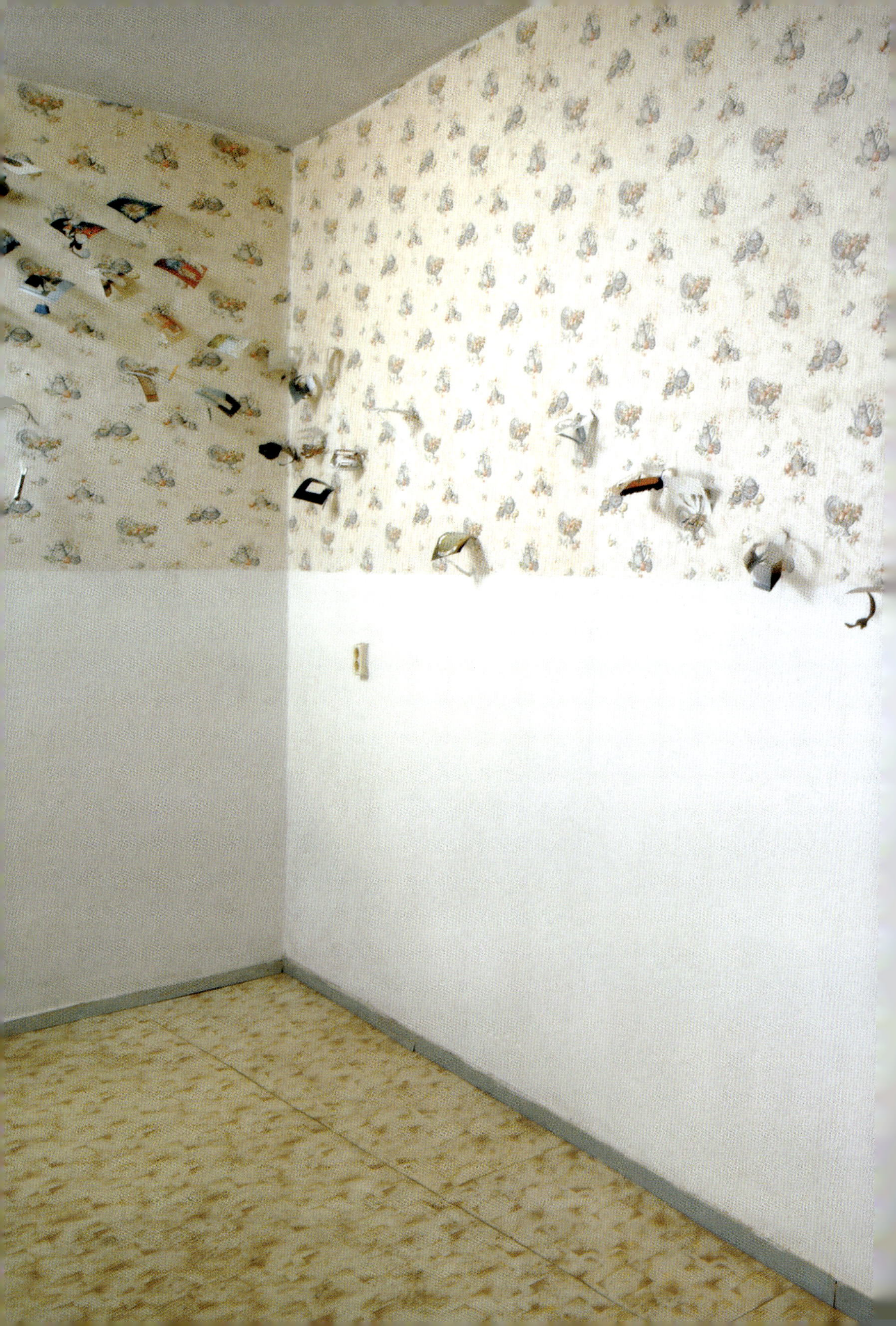

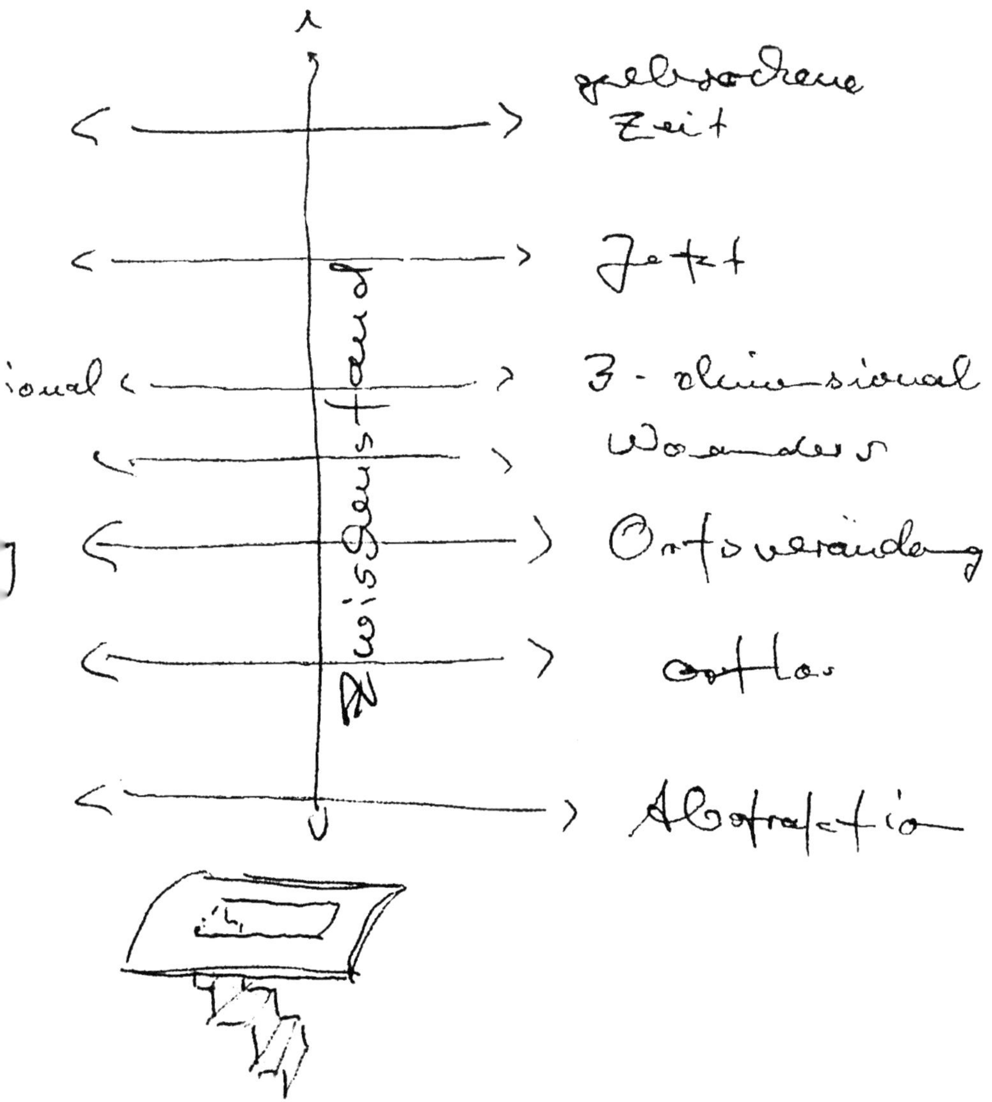

gebrochene Zeit
Jetzt
3 - dimensional
Wonders
Ortsveränderung
ortlos
Abstraktion

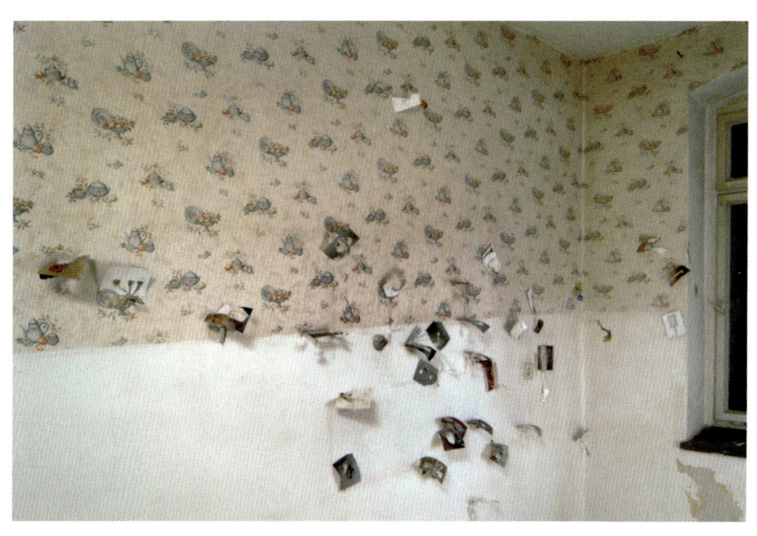

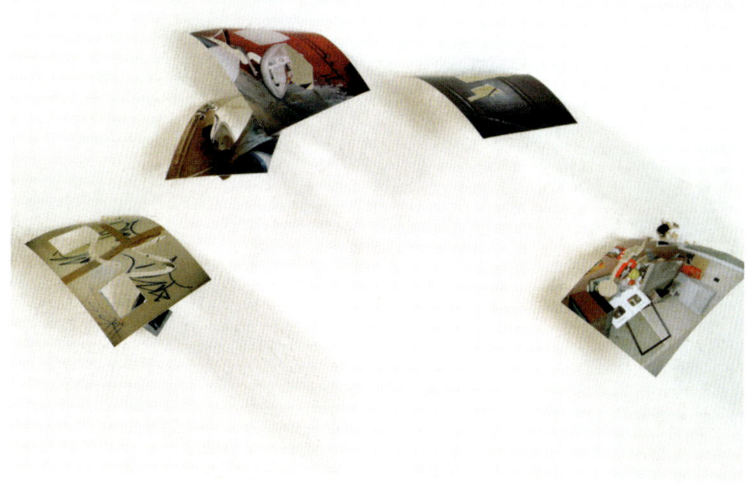

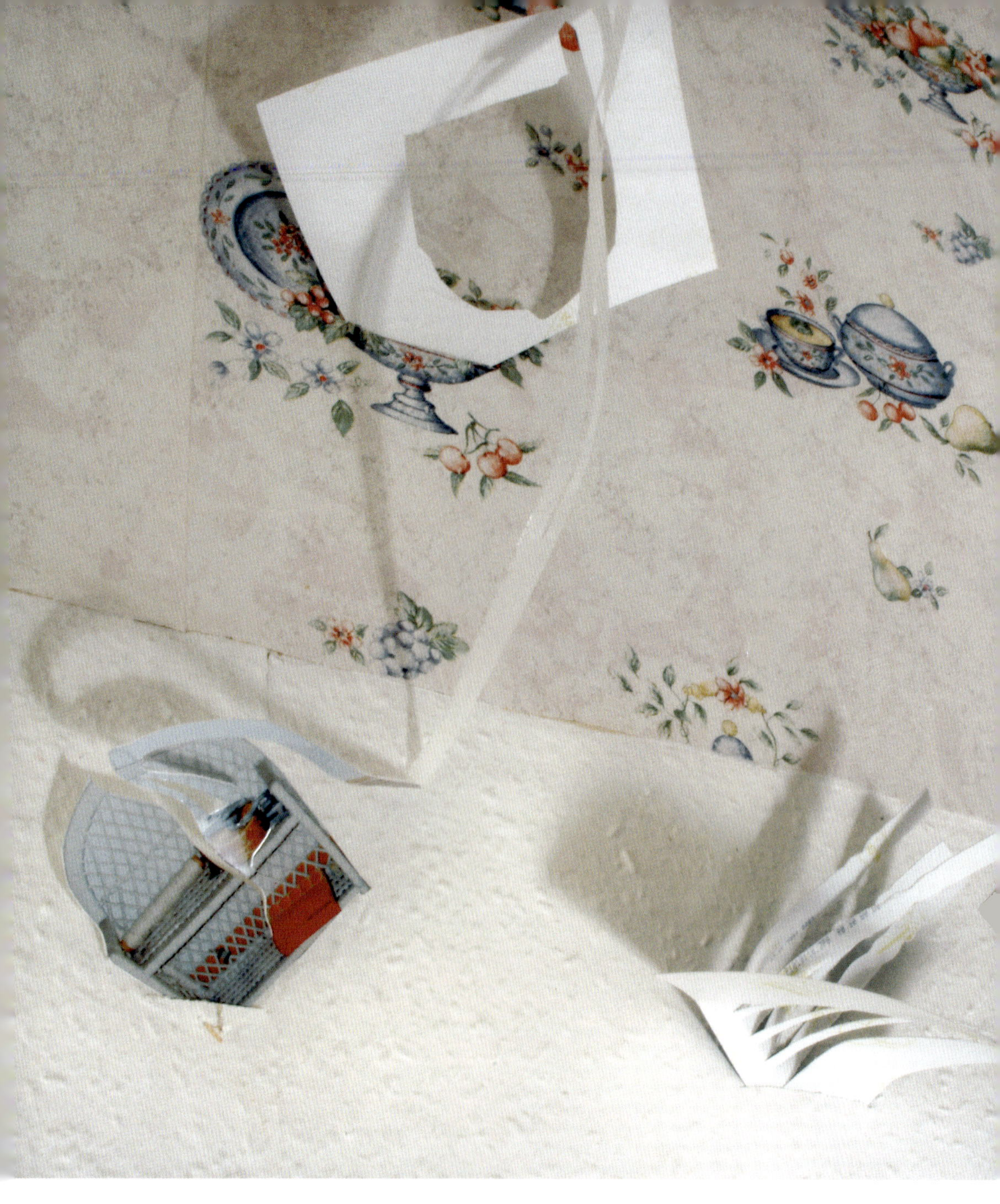

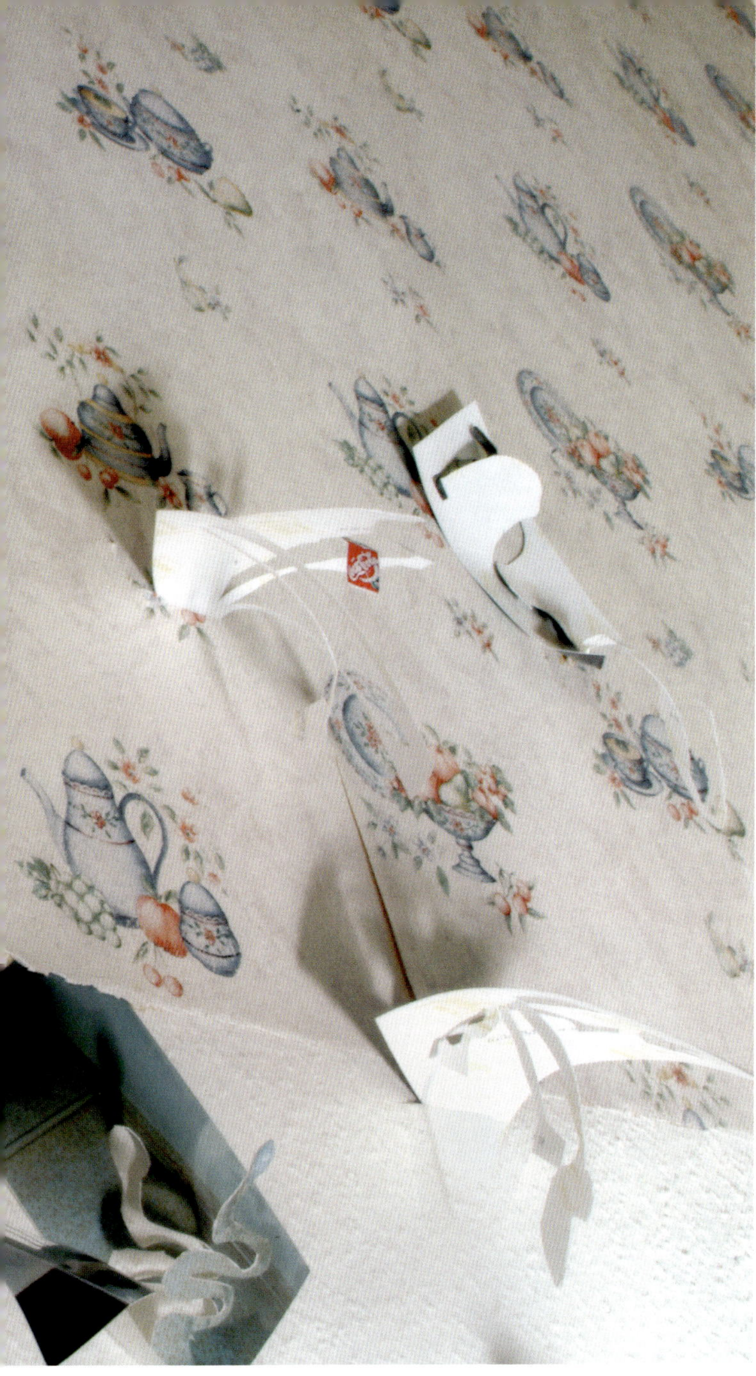

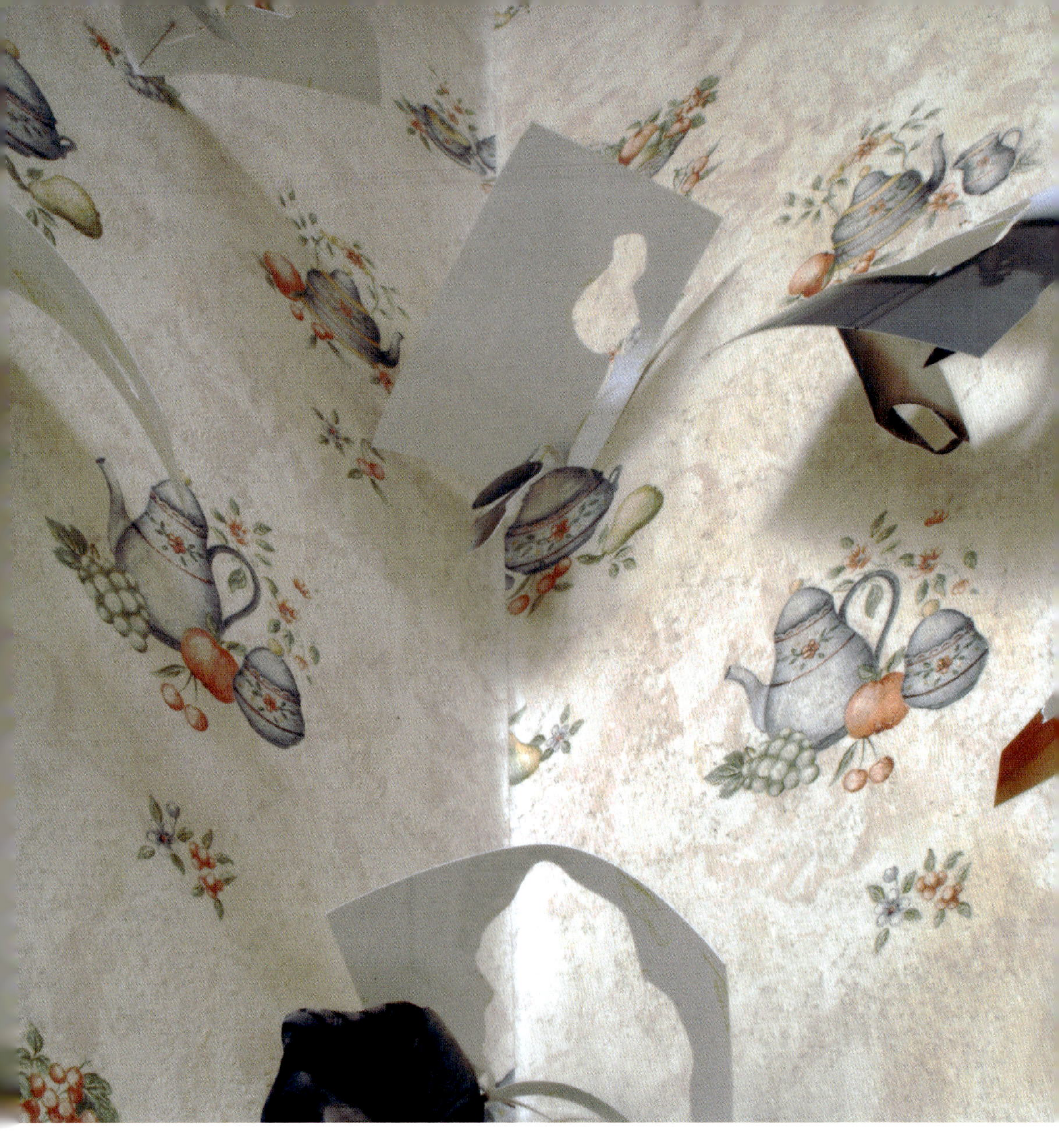

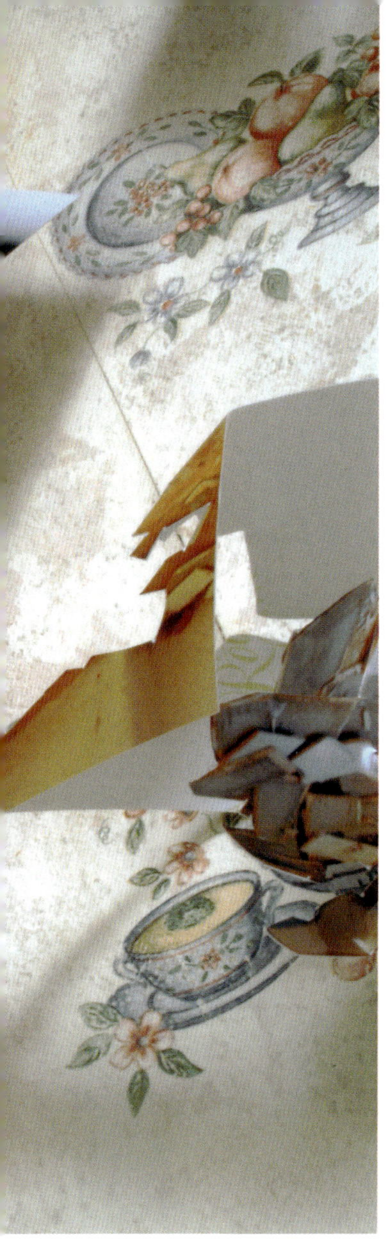

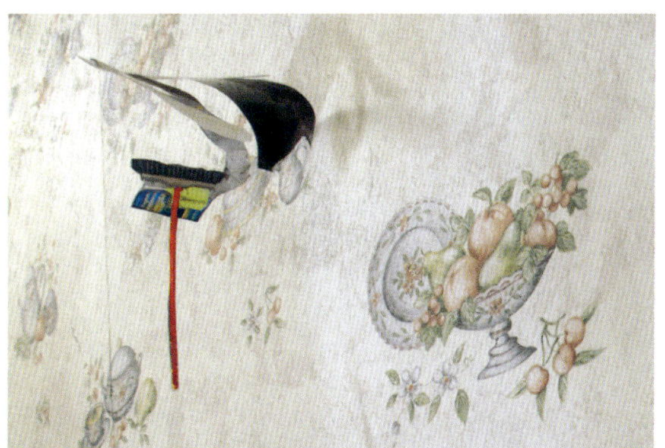

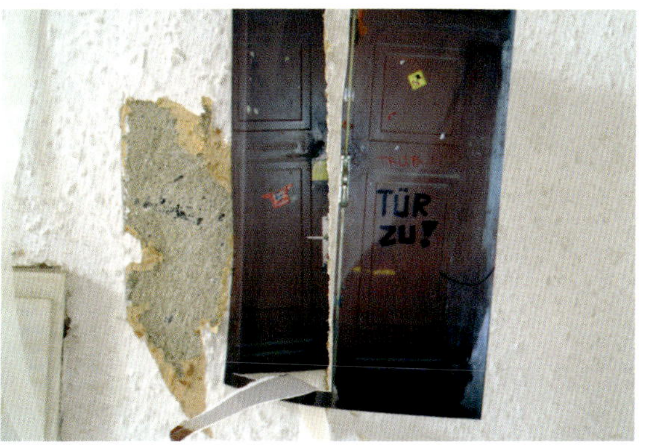
TÜR
ZU!

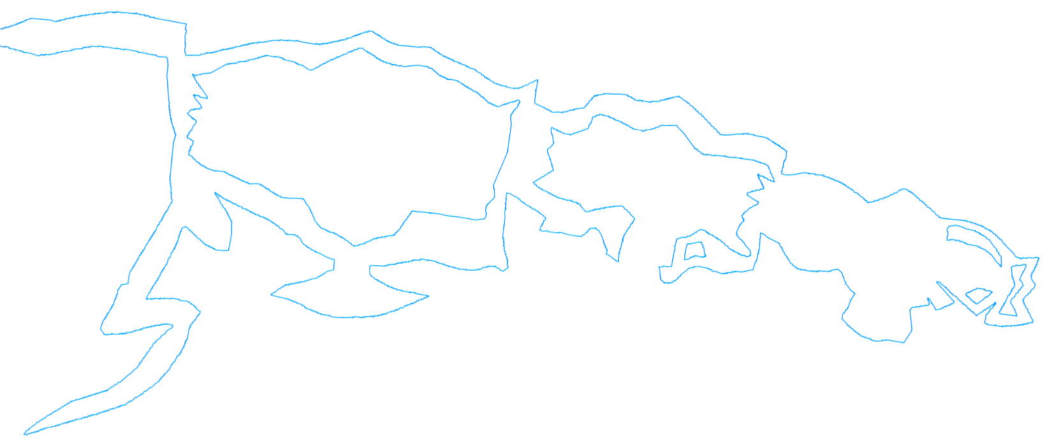

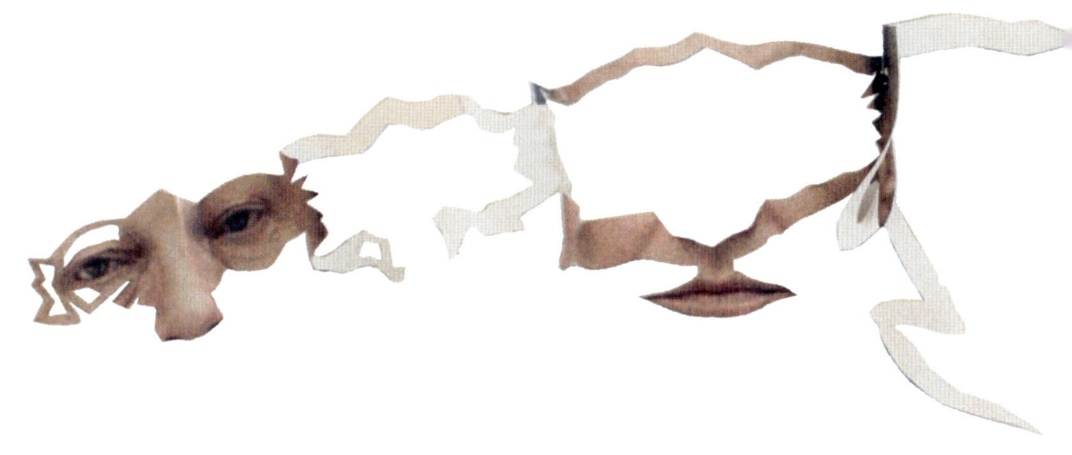

08

Fotoschnitte

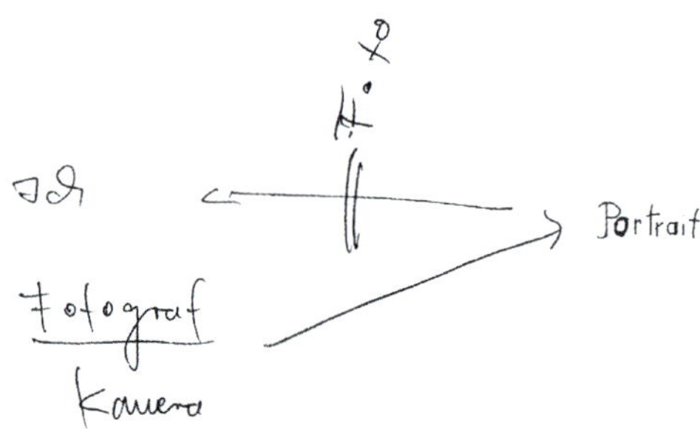

08.1_ Split Moments, 2008–

Fotoschnitte **Material** Klebeband und Fotoabzüge, 50 x 100 cm **Bildquelle** Internet, Spiegel-Online-Archiv, Porträt von Person des öffentlichen Lebens. Aus der Serie Split Moments: Split 1, 2007 – 2008 **Maße** ungerahmt 65 x 90 cm. _ Cut-outs **Material** tape and photographic prints, 50 x 100 cm **Picture source** Internet, Spiegel-Online-Archive, portrait of public figure. From the series Split Moments: Split 1, 2007 – 2008 **Size** unframed 65 x 90 cm.

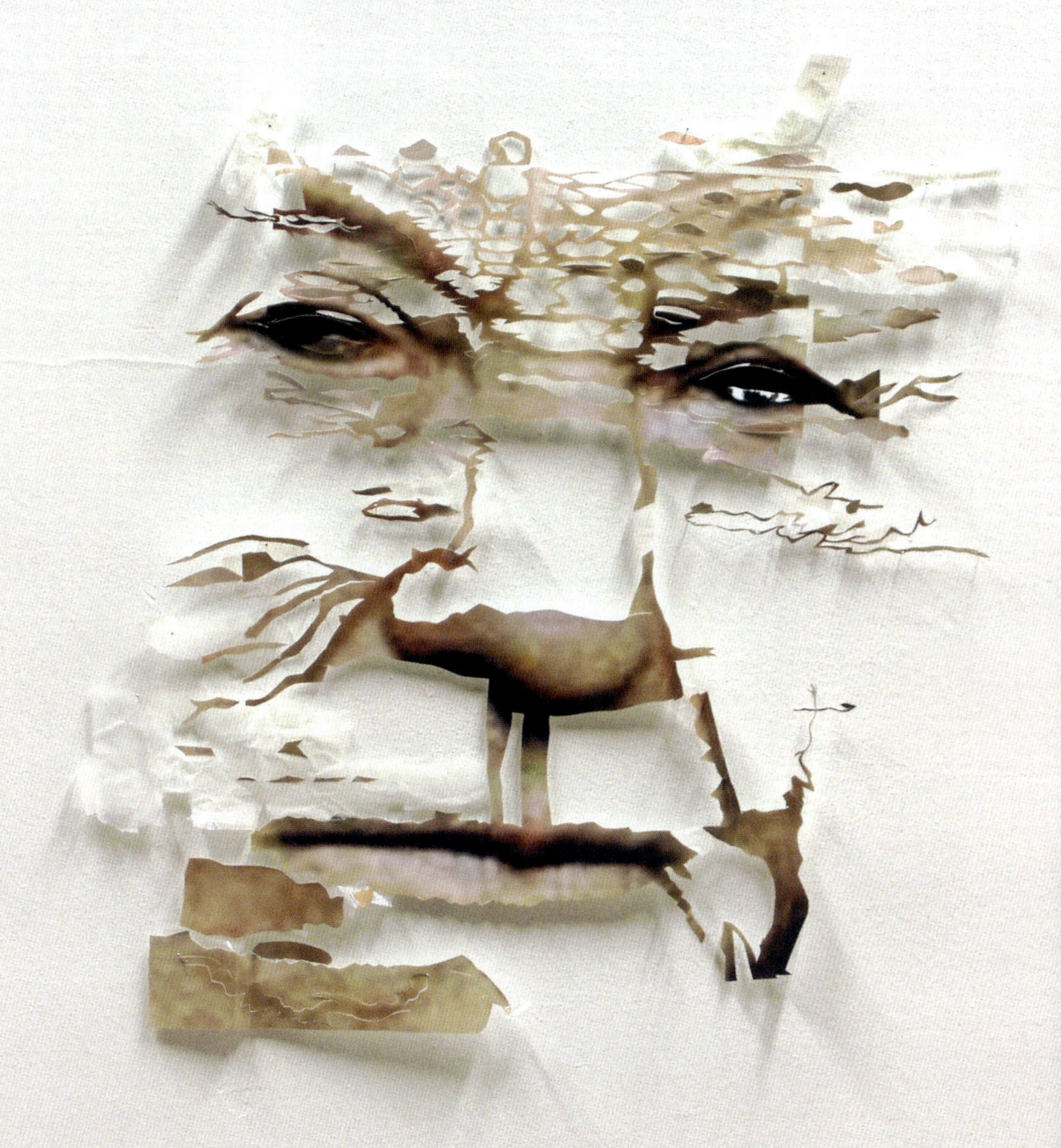

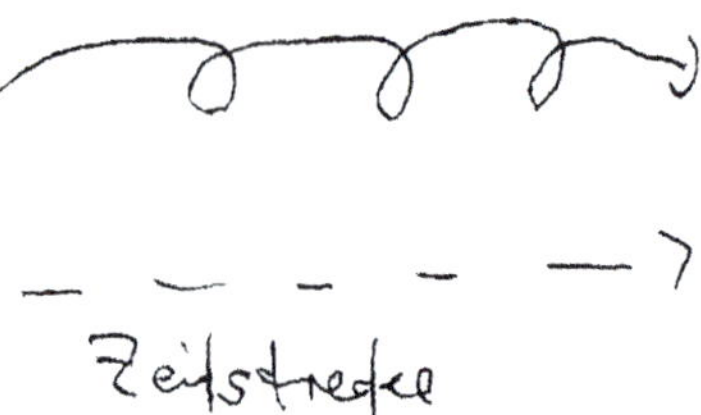

08.2 _ Turned Moments, 2007 –

Offene Serie von Fotoschnitten **Material** Klebeband und Fotoabzüge, 10 x 15 cm **Bildquelle** Internet, Kleinporträts von Personen des öffentlichen Lebens. Aus der Serie Turned Moments, von oben nach unten: Turned Moment 15, Turned Moment 14, befestigt auf gelbgrauem Hintergrundkarton **Maße** gerahmt 22 x 37 cm. _ Open-ended series of cut-outs **Material** tape and photographic prints, 10 x 15 cm **Picture source** Internet, miniature portraits of public figures. From the series Turned Moments, from top to bottom: Turned Moment 15, Turned Moment 14, fixed on yellow-gray cardboard **Size** framed 22 x 37 cm.

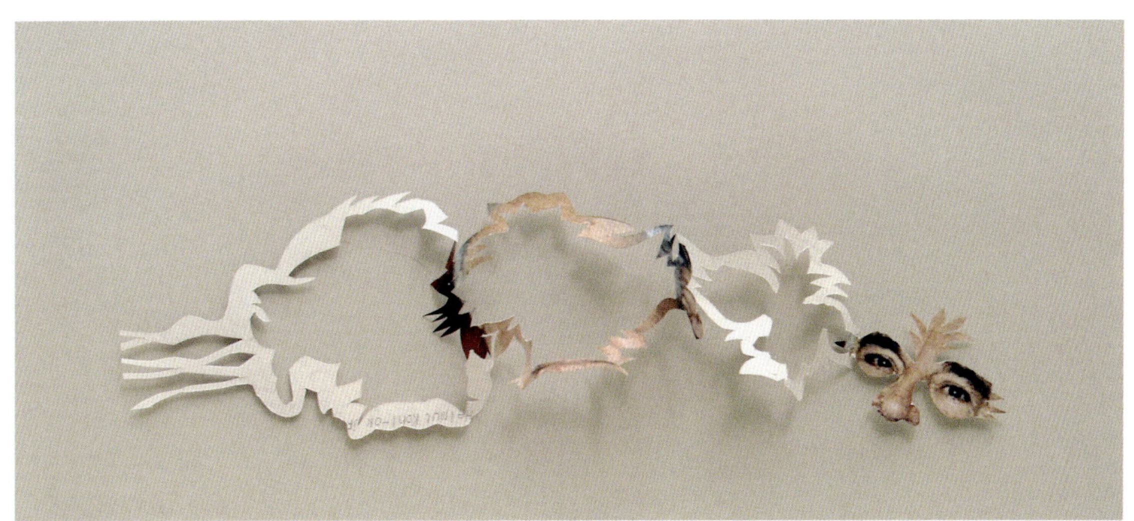

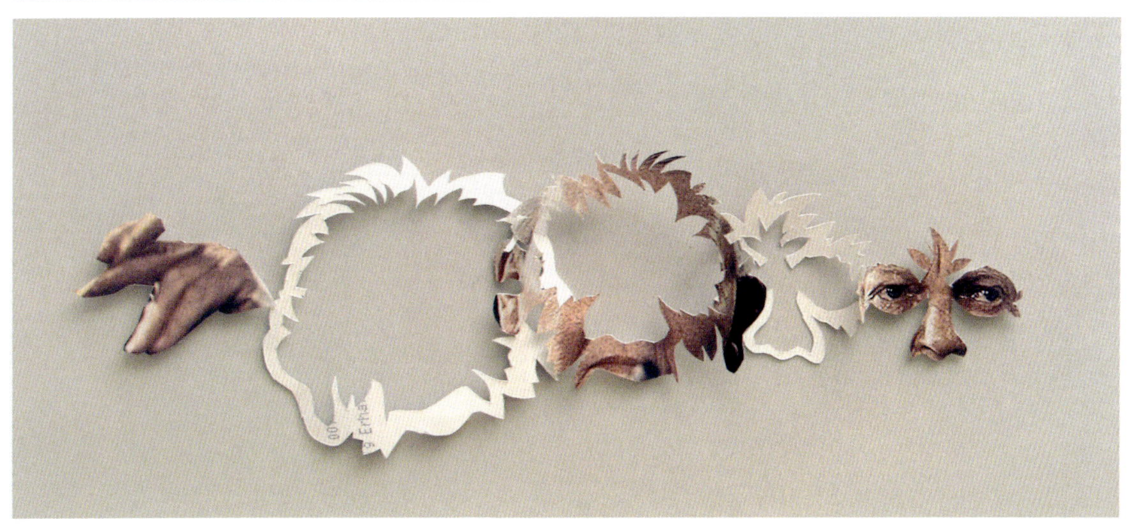

08.3 _ Fremd 2, 2006

Fotoschnitt **Material** Klebeband und zwei Fotoabzüge, 20 x 30 cm **Bildquelle** Kindheitsfotos einer Privatperson **Maße** gerahmt 61 x 51 cm. _ Cut-out **Material** tape and two photographic prints, 20 x 30 cm **Picture source** an individual's childhood pictures **Size** framed 61 x 51 cm.

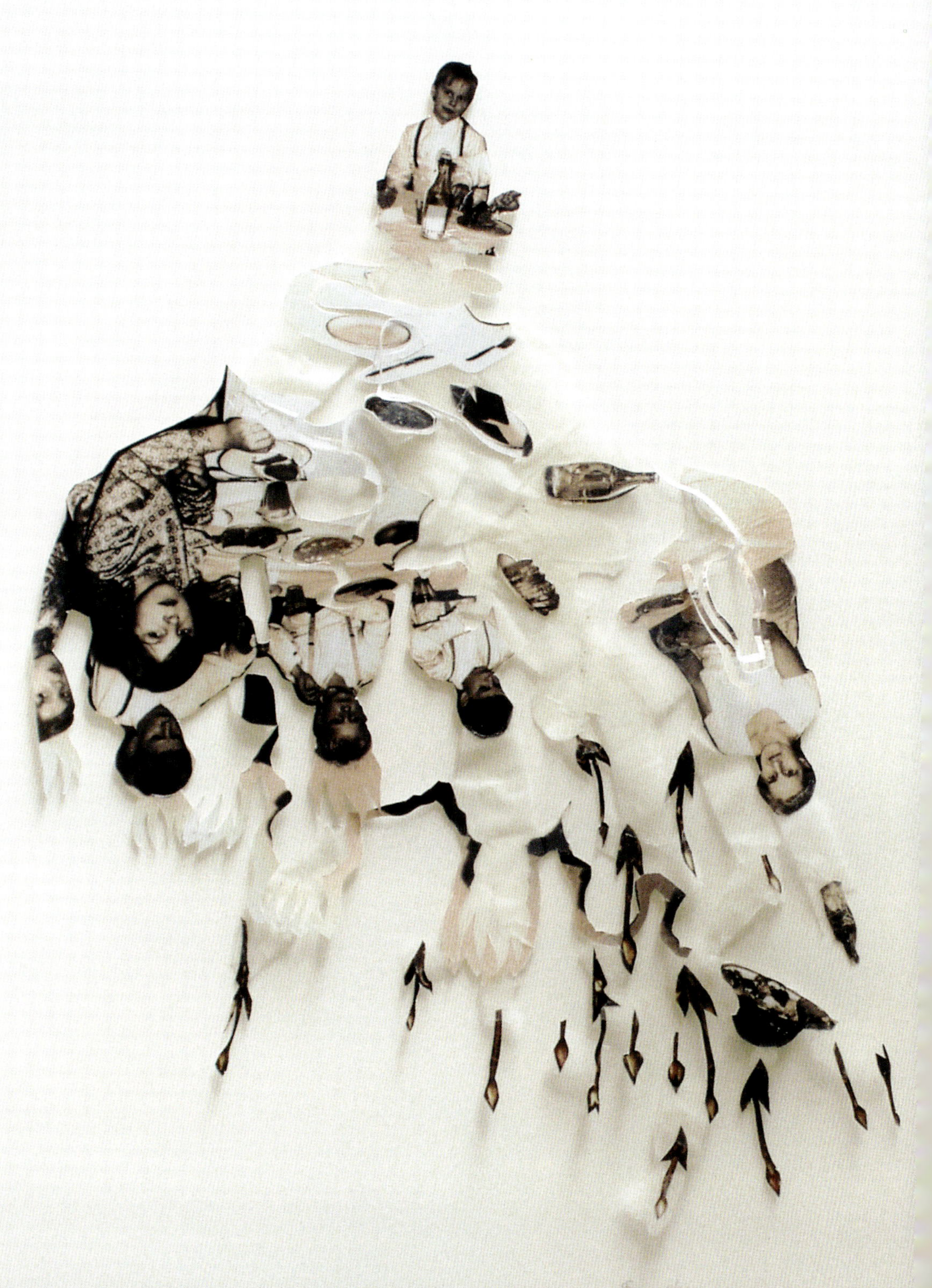

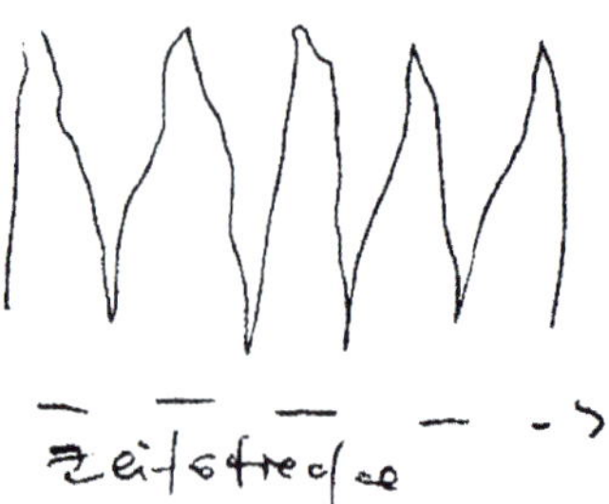

08.4 _ Stretched Moments, 2006 –

Offene Serie von Fotoschnitten **Material** Klebeband und Fotoabzüge, 20 x 30 cm **Bildquelle** Privatarchiv, Aufnahme zeigt Linde Rohr, Willi Bongart und Gerhard Richter bei seiner ersten Ausstellung in der Kunsthalle Düsseldorf, 1976. Aus der Serie Stretched Moments, von oben nach unten: Moment gestreckt, Moment aus einer Zigarette (3), 2006 **Maße** gerahmt 35 x 67 cm und 31 x 64 cm. _ Open-ended series of cut-outs **Material** tape and photographic prints, 20 x 30 cm **Picture source** private archive, the photograph shows Linde Rohr, Willi Bongart, and Gerhard Richter at his first exhibition at Kunsthalle Düsseldorf, 1976. From the series Stretched Moments, from top to bottom: Moment gestreckt, Moment aus einer Zigarette (3), 2006 **Size** framed 35 x 67 cm and 31 x 64 cm.

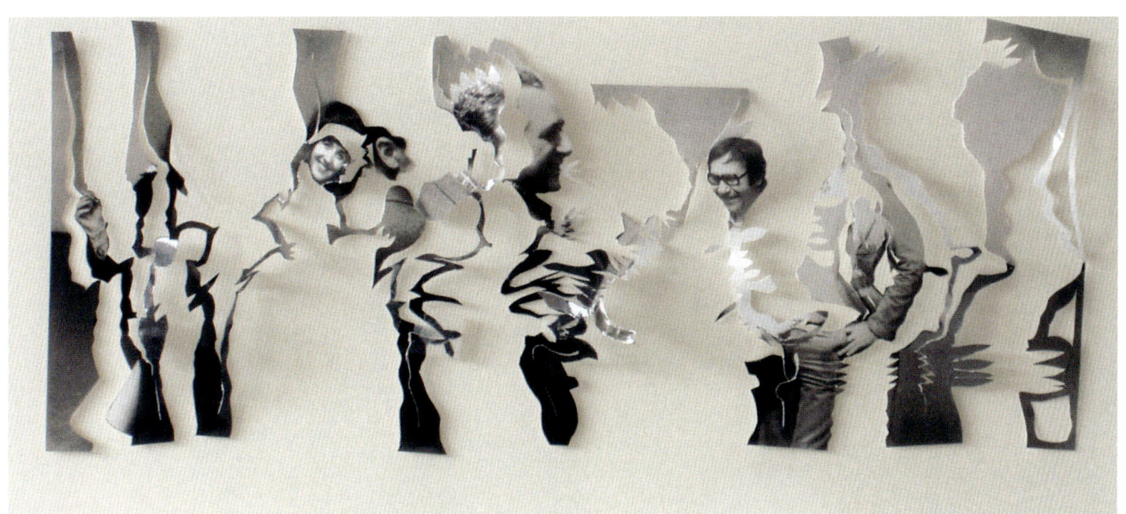

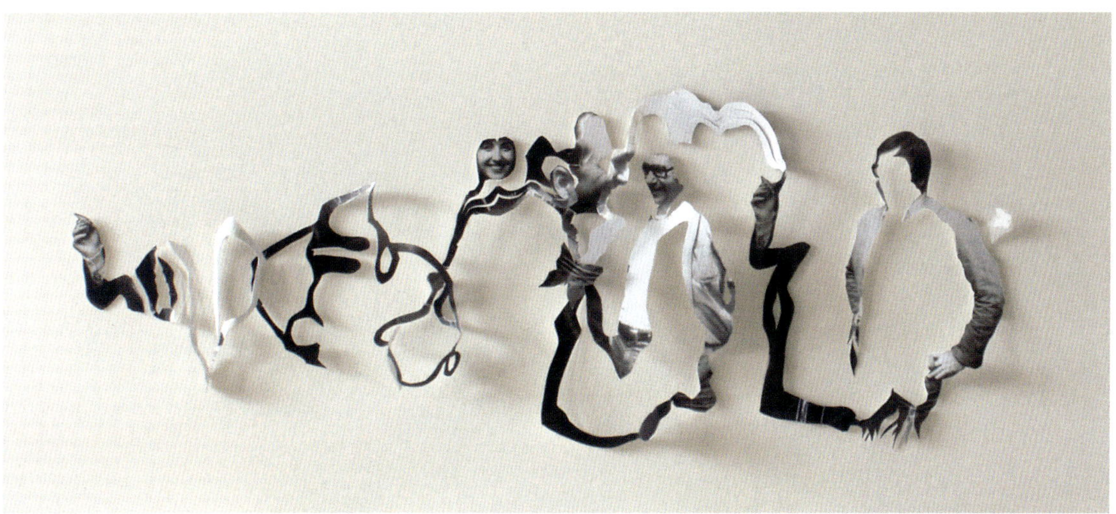

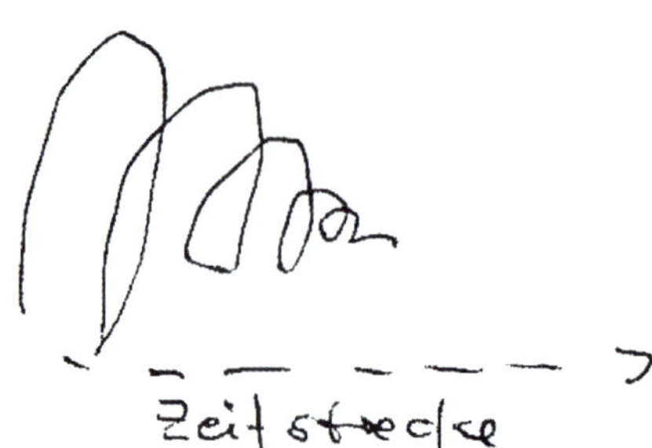

08.5 _ **Schlingungen, 2004 –**

Offene Serie von Fotoschnittobjekten **Material** Klebeband und Fotoabzüge, 10 x 15 cm bis 20 x 30 cm **Bildquelle** private Fotosammlung des Galeristen Jürgen Bahr aus den 1970ern **Maße** Größe der Objekte variieren zwischen 10 und 50 cm im Durchmesser. _ Open-ended series of cut-out objects **Material** tape and photographic prints, 10 x 15 cm to 20 x 30 cm **Picture source** Jürgen Bahr's personal photography collection from the 1970s **Size** varies between 10 and 50 cm in diameter.

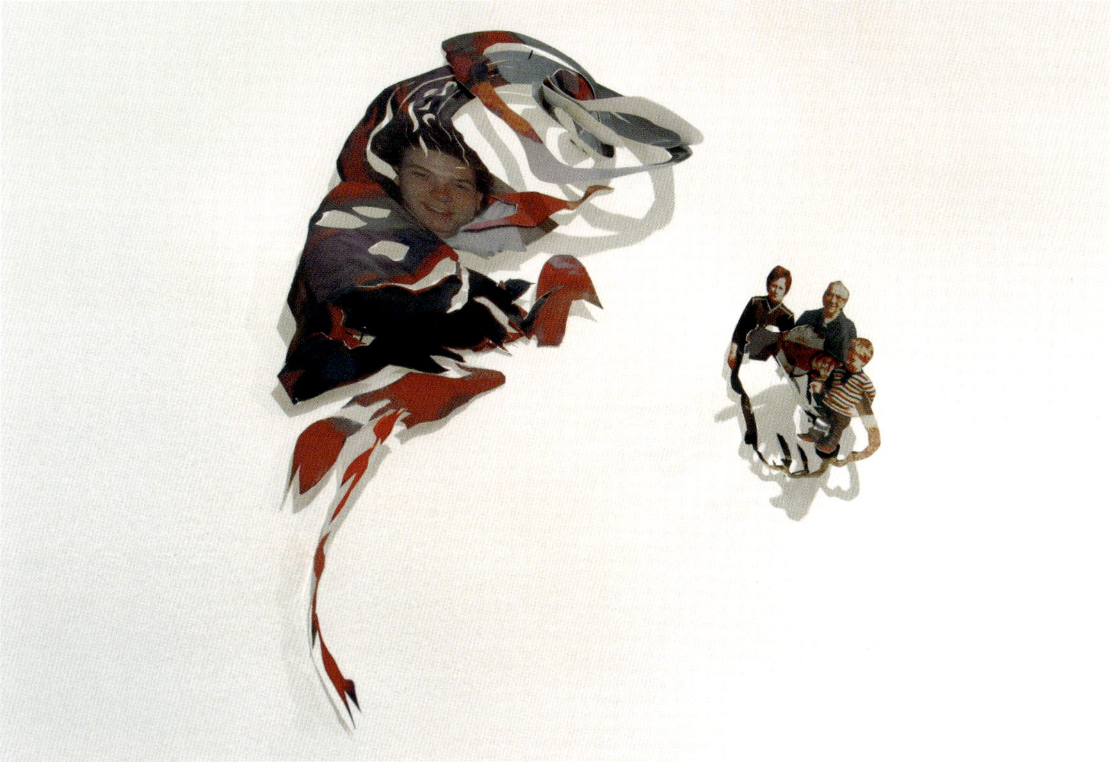

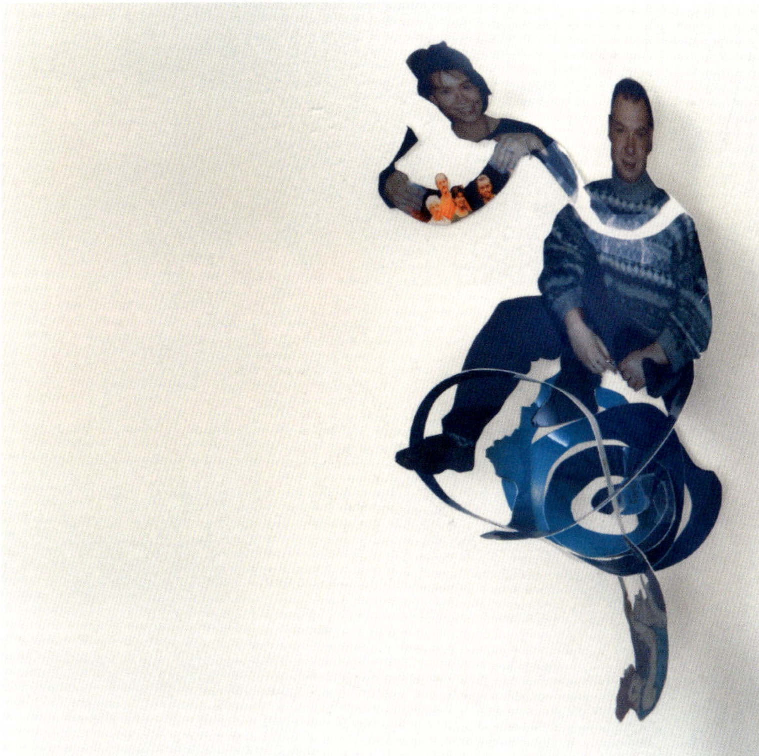

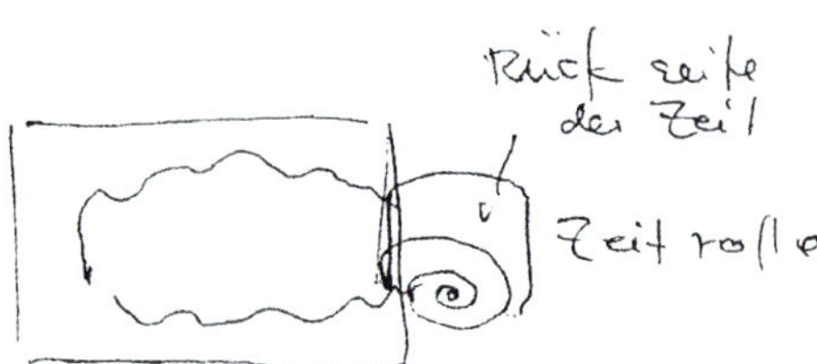

08.6 _ Minimal-Invasive Handlungen, 2004 –

Offene Serie von Fotoschnitten **Material** Klebeband und Fotoabzüge dreier verschiedener Fotos, 20 x 30 cm **Bildquelle** privat. Aus der Serie Minimalinvasive Handlungen, von oben nach unten: Ohne Titel 9, Ohne Titel 3, 2004 **Maße** 42 x 31 cm und 37,5 x 27,5 cm. _ Open-ended series of cut-outs **Material** tape and prints of three different photographs, 20 x 30 cm **Picture source** private. From the series Minimalinvasive Handlungen, from top to bottom: Ohne Titel 9, Ohne Titel 3, 2004 **Size** 42 x 31 cm and 37,5 x 27,5 cm.

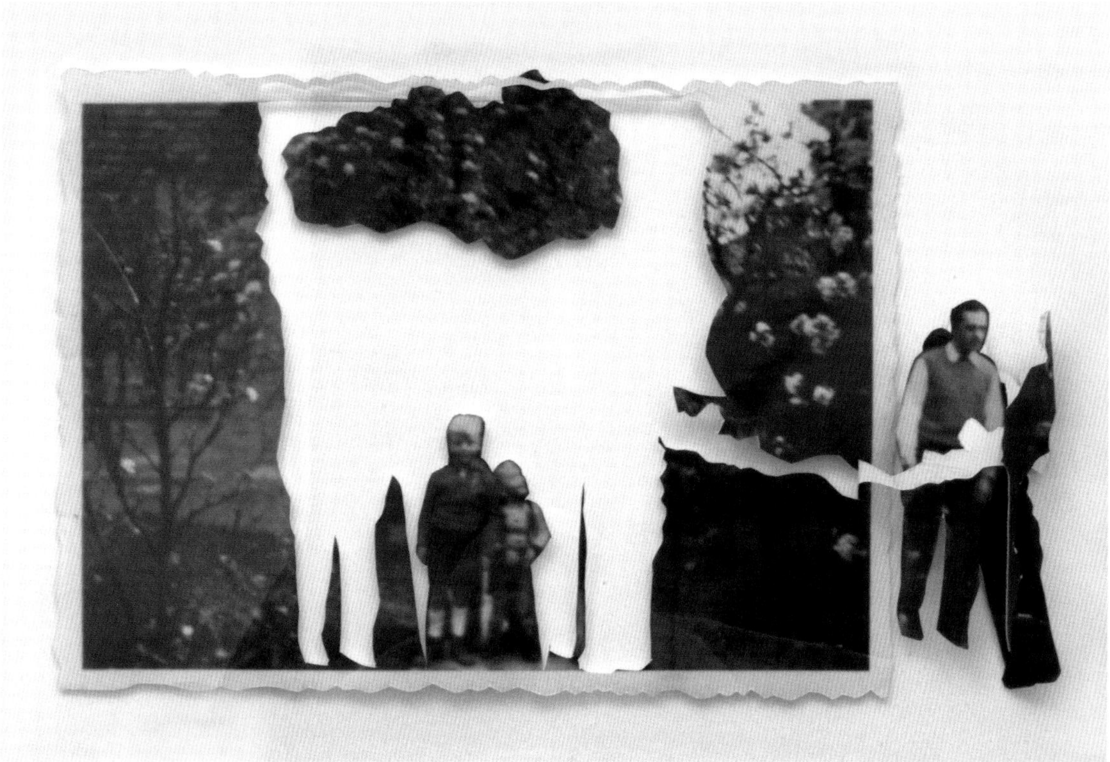

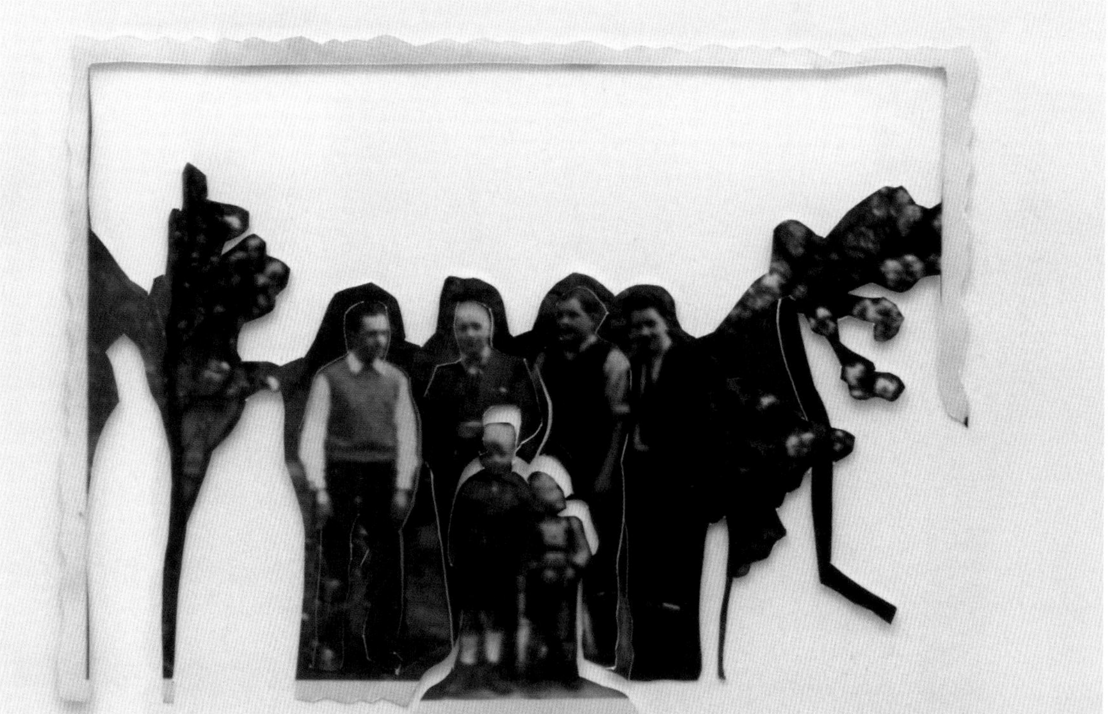

Susanne Pomrehn **Curriculum Vitae**

Geboren in Schleswig-Holstein, lebt und arbeitet in Berlin und Köln **2005** Mitbegründerin der Gruppe ADAPTER **1995** Meisterschülerprüfung des Studiums der Bildenden Kunst, Hochschule der Künste Berlin (UdK); Begabtenförderung, Ev. Studienwerk Haus Villigst e.V. **1993** Erasmus-Programm, Faculdad de Bellas Artes Pays Basco, Spanien

Susanne Pomrehn **Curriculum Vitae**

Susanne Pomrehn, born in Schleswig-Holstein, lives and works in Berlin and Cologne **2005** Cofounder of the group ADAPTER **1995** Fine Arts degree, Hochschule der Künste Berlin (UdK); Scholarship, Ev. Studienwerk Haus Villigst e.V. **1993** Erasmus Program, Faculdad de Bellas Artes Pays Basco, Spain

Ausgewählte Stipendien / Förderungen

2010 Arbeitsstipendium im kunst:raum sylt quelle, Rantum, Sylt 2009 Arbeitsstipendium Künstlerhaus Lukas, gefördert vom Land Mecklenburg-Vorpommern 2008 Ausstellungsförderung Stiftung Kunstfonds Bonn; Katalogförderung des Berliner Senats 2007 Förderung Kulturaustausch Berlin – Österreich; Stipendium Künstlerstätte Schloss Bleckede, Niedersachsen 2005 Arbeitsstipendium Bildende Kunst des Berliner Senats; Projektmittelförderungen des Berliner Senats und des Kulturamts Köln; Artist in Residence, Pilotprojekt Gropiusstadt, Berlin 2004 Projektförderung Nordrhein-Westfalen 2003 Förderung Goldrausch Künstlerinnenprojekt art IT, Berlin 1995 Ausstellungsbeteiligung des Sebapharma Kunstpreises, Berlin

Ausgewählte Einzelausstellungen / Projekte

2009 Little Universe, Neues Kunsthaus Ahrenshoop, Mecklenburg-Vorpommern; Little Universe, Erstes Haus am Platz, Berlin; Little Universe, Arbeitermuseum, Hannoversch-Münden, Niedersachsen 2008 Bleckeder Stipendiaten 07, Kunstraum Tosterglope, Lüneburg; Das Verspannen von Inseln, Stadtgalerie im Elbeforum, Brunsbüttel, Schleswig-Holstein 2007 Interventionen XXI, KioskShop berlin; Räumliche Visionen, Fotogalerie Wien, Österreich 2006 Senatsstipendiaten 05, Kunstbank, Berlin 2005 Minimal-Invasive Handlungen, Galerie Schwarzer Gegenwartskunst, Berlin; How to put up a dream?, Galerie Mesaoo Wrede, Hamburg; Konstruktionen, Exit Art Köln e.V. 2004 Zentrale, Kunstverein Köln rrh. e.V.; Schlingungen, Ausstellungsraum Jürgen Bahr, Köln; Piccolomini, Kunstraum OBST, Köln

Selected Fellowships / Grants

2010 Fellowship, kunst:raum sylt quelle, Rantum, Sylt 2009 Fellowship, Künstlerhaus Lukas, funded by Mecklenburg-Vorpommern 2008 Exhibition Grant, Stiftung Kunstfonds Bonn; Catalog Grant, Berliner Senat 2007 Cultural exchange Grant, Berlin–Austria; Fellowship, Künstlerstätte Schloss Bleckede, Lower Saxony 2005 Fine Arts Fellowship, Berliner Senat; Project Grants Berliner Senat and Kulturamt Köln; Artist in Residence, Pilotprojekt Gropiusstadt, Berlin 2004 Project Grants, North Rhine-Westphalia 2003 Grant, Goldrausch Künstlerinnenprojekt art IT, Berlin 1995 Exhibition participation, Sebapharma Kunstpreis, Berlin

Selected Solo Exhibitions / Projects

2009 Little Universe, Neues Kunsthaus Ahrenshoop, Mecklenburg-Vorpommern; Little Universe, Erstes Haus am Platz, Berlin; Little Universe, Arbeitermuseum, Hannoversch-Münden, Lower Saxony 2008 Bleckeder Stipendiaten 07, Kunstraum Tosterglope, Lüneburg; Das Verspannen von Inseln, Stadtgalerie im Elbeforum, Brunsbüttel, Schleswig-Holstein 2007 Interventionen XXI, KioskShop berlin; Räumliche Visionen, Fotogalerie Wien, Austria 2006 Senatsstipendiaten 05, Kunstbank, Berlin 2005 Minimal-Invasive Handlungen, Galerie Schwarzer Gegenwartskunst, Berlin; How to put up a dream?, Galerie Mesaoo Wrede, Hamburg; Konstruktionen, Exit Art Köln e.V. 2004 Zentrale, Kunstverein Köln rrh. e.V.; Schlingungen, Ausstellungsraum Jürgen Bahr, Cologne; Piccolomini, Kunstraum OBST, Cologne

Ausgewählte Gruppenausstellungen / Projekte

2009 RFLXN 03, Sønderjylland-Kunstmuseum, Tønder, Dänemark **2008** Multiple Manipulationen mit Cap Cologne, 19. internationale Photoszene Köln; RFLXN 03, Landesausstellung für Fotografie, Schloss vor Husum; Messe: 04. Kunstsalon Berlin, Scotti Enterprises **2007** Salon, Kunstraum D21, Leipzig; Messen: art Karlsruhe, 03. Kunstsalon Berlin, Scotti Enterprises; X-mal Ich, Sammlung Westermann, Städtische Galerie Rastatt; Headquarters – Imaginary Constructs of Home, Interraum des GfKFB, Berlin **2006** Accrochage, Galerie Ricarda Fox, Essen-Mülheim; Positionen junger Fotografie, 68elf e.V., 17. Internationale Photoszene Köln; In diesem Wald wird nicht gespielt, Kunstfabrik am Flutgraben, Berlin **2005** Kunstsammlung Neubrandenburg; 2. Kunstmeile St. Georg, Hamburg **2004** Individuelle Zwischenstände, 12 in 15-Haus-Halt, Berlin; Plan 04, Unbestelltes Land, Kulturamt Köln **2003** Goldrausch, Künstlerhaus Bethanien, Berlin **2002** Kühle Räume – Kühlräume, Torstr. 111, Berlin

Selected Group Exhibitions / Projects

2009 RFLXN 03, Sønderjylland-Kunstmuseum, Tønder, Denmark **2008** Multiple Manipulationen mit Cap Cologne, 19. internationale Photoszene, Cologne; RFLXN 03, Landesausstellung für Fotografie, Schloss vor Husum; Art Fair: 04. Kunstsalon Berlin, Scotti Enterprises **2007** Salon, Kunstraum D21, Leipzig; Art Fairs: art Karlsruhe, 03. Kunstsalon Berlin, Scotti Enterprises; X-mal Ich, Sammlung Westermann, Städtische Galerie Rastatt; Headquarters – Imaginary Constructs of Home, Interraum, GfKFB, Berlin **2006** Accrochage, Galerie Ricarda Fox, Essen-Mülheim; Positionen junger Fotografie, 68elf e.V.; 17. Internationale Photoszene, Cologne; In diesem Wald wird nicht gespielt, Kunstfabrik am Flutgraben, Berlin **2005** Kunstsammlung Neubrandenburg; 2. Kunstmeile, St. Georg, Hamburg **2004** Individuelle Zwischenstände, 12 in 15-Haus-Halt, Berlin; Plan 04, Unbestelltes Land, Kulturamt Köln **2003** Goldrausch, Künstlerhaus Bethanien, Berlin **2002** Kühle Räume – Kühlräume, Torstr. 111, Berlin

Konzeption _ Concept Susanne Pomrehn, Berlin
Gestaltung _ Design Matthias Rawald, Berlin
Druck _ Print H. Heenemann GmbH & Co. KG
Text _ Text Dr. Christine Heidemann, Berlin
Übersetzung _ Translation Dr. Brian Currid, Berlin
Lektorat _ Copy editing Jürgen Bahr, Köln; Maisie Hitchcock, Berlin; Cordelia Marten, Berlin
Bildbearbeitung _ Image editing Gerhard Haug, Berlin
Fotos _ Photographs Hans-Jürgen Witt, Brunsbüttel; Peter Hölscher, Düsseldorf; Gerhard Haug, Berlin;
Alistaire Overbrook, Köln; Susanne Pomrehn, Berlin
Herausgeber _ Editor Susanne Pomrehn, Christburgerstr. 12, 10405 Berlin, +49 (030) 4417696,
www.susannepomrehn.de
Gefördert durch _ Supported by Kulturverwaltung des Berliner Senats
Auflage _ Copies 800

Die Deutsche Nationalbibliothek verzeichnet diese Publikation in der Deutschen Nationalbibliografie; detaillierte
bibliografische Daten sind im Internet über http://dnb.ddb.de abrufbar. _ The Deutsche Nationalbibliothek holds a
record of this publication in the Deutsche Nationalbibliografie; detailed bibliographical data can be found under:
http://dnb.ddb.de.

Verlag und Vertrieb _ Published and distributed by
Kerber Verlag, Bielefeld
Windelsbleicher Str. 166–170
33659 Bielefeld
Germany
Tel. +49 (0) 5 21 9 50 08 10
Fax +49 (0) 5 21 9 50 08 88
E-Mail: info@kerberverlag.com
www.kerberverlag.com

Kerber, US Distribution
D.A.P., Distributed Art Publishers Inc.
155 Sixth Avenue 2nd Floor
New York, N. Y. 10013
Tel. +1 212 6 27 19 99
Fax +1 212 6 27 94 84

ISBN 978-3-86678-324-9

Printed in Germany